PROJEKTREIHE
KINDERGARTEN

UNSERE UMWELT SCHÜTZEN

Anja Mohr · Rebecca Meyer

Inhalt

3 RESSOURCEN SCHÜTZEN, ERHALTEN UND GESTALTEN

4 WASSER, STROM UND ENERGIE

KOPIERVORLAGEN

Liebe Erzieher*innen,

„Nachhaltigkeit" ist ein Thema, dem sich inzwischen immer mehr Kitas zuwenden. Denn gerade hier in der Kita können sich Kindergartenkinder wichtige Fähigkeiten wie z. B. Konsumkompetenz oder Achtsamkeit gegenüber der Erde und ihren Lebewesen aneignen. Diese Fähigkeiten gehören zu den Kompetenzen, die Kinder für ihr weiteres Leben benötigen, ebenso wie die klassischen Kompetenzbereiche.

Vielleicht fragen Sie sich, wie man ein so komplexes und abstraktes Thema wie „Nachhaltigkeit" mit Kita-Kindern erfahren kann. Beginnen Sie bei dem, was für die Kinder greifbar und alltäglich ist: unsere Erde kennenzulernen – das macht in diesem neuen Projektheft den Anfang. Auf diese Weise können die Kinder von Anfang an erfahren, um was und um wen es eigentlich geht. Es sind ja nicht nur wir Menschen, sondern alle tierischen Bewohner und unsere Pflanzenwelt, die wir durch Nachhaltigkeit schützen.
Nehmen Sie die Kinder mit auf einen Weg, Nachhaltigkeit spielerisch, aber doch einprägsam zu erfahren. Ermöglichen Sie den Kindern, sich notwendiges Wissen selbsttätig und aktiv, beispielsweise in Selbstversuchen und Experimenten, anzueignen, etwa wie Mülltrennung funktioniert und wieso diese überhaupt notwendig ist.
Ihre Kinder können dabei zu echten Müll- und Recycling-Expert*innen werden, denn sie verstehen, dass sie bereits mit wenigen Dingen und geringem Aufwand unsere Erde schützen und der Umweltverschmutzung vorbeugen können.
Die Ideen in diesem Heft möchten Sie und die Kinder dazu einladen, aktiv Umweltschutz kennenzulernen. So schaffen Sie als pädagogische Fachkraft Grundlagen für gelebte Nachhaltigkeit. Neben zahlreichen Kreativaktionen, Geschichten und Spielen wird das Heft noch mit vielen Kopiervorlagen ergänzt.

Das Motto unserer „Projektreihe Kindergarten"
Alle Ideen sollen Sie bei der Arbeit kompetent und zielführend unterstützen.
Darum sind sie:

- schnell einsatzbereit und leicht umsetzbar,
- in der Praxis mehrfach erprobt und für gut befunden,
- differenziert auf den Erfahrungs- und Wissenshorizont von Kindern im Alter von drei bis sechs Jahren ausgerichtet,
- klar strukturiert und im Buch schnell zu finden.

Ich wünsche Ihnen und Ihren Kindern ganz besonders viel Spaß beim aktiven Kennenlernen und Umsetzen von Nachhaltigkeit.

ANJA MOHR

1

DIE ERDE – UNSERE HEIMAT

Was wissen die Kinder schon alles über unsere Erde? Zum Einstieg sammeln Sie die Eindrücke und Interessen der Kinder. Denn der erste Schritt in Richtung Nachhaltigkeit ist Wissen über unsere Welt. Auch dem Thema „Abfall und Müll" nähern sich die Kinder hier auf fantasievolle Weise.

1 Unsere Erde

SACHGESPRÄCH MIT KREATIVAKTION

ALTER ab 3 Jahren

ZIELE Kommunikation, Sprachverständnis, Wissen über Welt und Umwelt

MATERIAL Kopiervorlage „Elternbrief", Plakat, Malpapier, Zettel, Schere, Klebstoff, Stifte

Um mit den Kindern über Nachhaltigkeit und den Schutz unserer Erde ins Gespräch zu kommen, hilft es, wenn Sie zuerst noch einmal gemeinsam überlegen: Was gehört alles zu unserer Erde? Was gefällt uns daran gut? Sammeln Sie die Ideen und Eindrücke der Kinder auf einem ganz persönlichen Unsere-Erde-Poster!

Kommen Sie mit den Kindern in einem Sitzkreis zusammen. Hier können die Kinder alles erzählen, was ihnen zu unserer Erde einfällt. Setzen Sie dabei bewusst keine Bilder ein, um die Kinder nicht zu beeinflussen und sie völlig frei erzählen zu lassen. Unterstützen Sie, wenn nötig, nur durch Fragen:

- Was gibt es auf unserer Erde?
- Wer lebt auf unserer Erde?
- Was wächst auf unserer Erde?

Unsere Erde

Unsere Erde dreht sich als eine Art flache Kugel im Weltall. Als unsere Heimat bietet sie uns die Lebensbedingungen, die wir Menschen zum Überleben benötigen. Dazu gehören Luft zum Atmen, Wasser, das wir trinken können, Wärme und Licht sowie Nahrung. Aber leider ist genau das alles in Gefahr. Und diese Gefahr ist von Menschen gemacht! Bestimmt bekommen auch die Kinder schon die Meldungen in den Medien mit: Seen trocknen aus, Gletscher schmelzen ab, riesige Waldflächen werden gerodet, Wüsten breiten sich aus, Überschwemmungen und andere klimawandelbedingte Umweltkatastrophen bedrohen Menschen und ihre Häuser und Städte platzen aus allen Nähten.

Das zusammengetragene Wissen können Sie gemeinsam auf einem großen Plakat festhalten. Dazu können die Kinder auf kleinen Zetteln oder Papieren aufmalen, was für sie unbedingt zu unserer Erde gehört: von Pflanzen über Tiere, Berge, Vulkane, Meere bis hin zu sehr subjektiven Dingen – alles ist wichtig.
Nun können Sie das Plakat gut sichtbar im Gruppenraum aufhängen, damit es während des ganzen Projektes präsent ist.

HINWEIS Informieren Sie die Eltern über das Projekt „Unsere Umwelt schützen". Die Kinder werden zukünftig nämlich ganz genau hinsehen, wenn ihre Eltern einkaufen gehen oder Müll trennen.

2 Meine Erde und ich

KREATIVAKTION

ALTER ab 2 Jahren

ZIELE Sprache, Feinmotorik, Bewusstseinsförderung/ Wahrnehmung

MATERIAL blauer Tonkarton, grüne Fingerfarbe, Pinsel, Bleistift, Schere, Wolle

Durch diese Kreativaktion machen Sie den Kindern bewusst, dass auch sie ein Teil der Erde bzw. ihres Lebensraumes sind. In einer kleinen Kunstaktion hinterlassen die Kinder „sprichwörtlich" ihre Spuren auf der Erde.

Zeichnen Sie für jedes Kind einen Kreis auf den blauen Tonkarton auf. Dazu können Sie einen Teller als Vorlage verwenden.

Kommen Sie mit den Kindern zusammen und gehen Sie noch einmal kurz auf das Plakat aus dem vorherigen Sachgespräch ein. Besprechen Sie mit ihnen, dass auch wir unseren Platz auf dieser Erde haben und unsere Abdrücke hinterlassen. Denn alles, was wir tun, wirkt sich auf unsere Erde aus. Fragen Sie die Kinder, was das z. B. sein könnte. Vielleicht nennen die Kinder zunächst sehr einfache Beispiele wie Blumen zu pflücken? Lassen Sie alle Antworten zu, denn für die Kinder sind es die Dinge, die sie auf der Erde ändern.
Die Kinder können nun den blauen Kreis ausschneiden, der unsere Erde darstellt. Da auch die Kinder Abdrücke auf der Erde hinterlassen, können sie dies nun auch bildlich darstellen. Dazu bemalt sich jedes Kind, das gerne möchte, die Fußsohle mit grüner Fingerfarbe und drückt seinen Fuß dann in den blauen Kreis. Wer möchte mit einem Stift oder Pinsel seinen Namen dazumalen?
Nach dem Trocknen können die Kinder ihre „Erden" mit Wolle oder einem Stück Schnur im Gruppenraum aufhängen.

3 Der Müllberg

SACHGESPRÄCH MIT KREATIVAKTION

ALTER ab 3 Jahren

ZIELE Sprache, Konzentration, Wissensvermittlung, Bewusstsein für Müllmengen, Feinmotorik

MATERIAL Supermarktprospekte, Schere, Kleber, DIN-A2-Plakat, ein Schälchen für jedes Kind

Müll hat so einen festen Platz in unserem Leben, dass wir ihn manchmal gar nicht mehr wahrnehmen. Ganz selbstverständlich werfen wir z. B. eine Verpackung weg. So kommt einiges an Müll zusammen und der Müllberg wächst.

Wissen die Kinder, was Müll ist? Lassen Sie sie alles aufzählen, was sie unter Müll verstehen bzw. was sie für Müll halten. Falls nötig, geben Sie kleine Hilfestellungen wie: „Was ist Müll, wenn du Süßigkeiten isst?" Gehen Sie mit den Kindern beispielsweise auch ihren Tagesablauf durch, beginnend mit dem Aufstehen. Hier ergeben sich viele Möglichkeiten, über Müll zu sprechen: die Zahnpastatube, das Duschgel, die Verpackung des Müsliriegels oder der Plastikbecher des Joghurts ... – alles, was wir nicht mehr brauchen, wird später zu Müll. Oder?

Aus Supermarktprospekten können die Kinder Dinge des täglichen Gebrauchs ausschneiden. Geben Sie den Kindern ausreichend Zeit zum Ausschneiden und sammeln Sie alle Ausschnitte in einem Schälchen.

Kommen Sie nun wieder zu einem Kreis zusammen, die Kinder bringen ihre Schälchen mit. Legen Sie das Plakat in die Mitte und beschreiben den Kindern, was auf diesem entstehen soll: ein „Müllberg“ aus den ausgeschnittenen Dingen, der wächst. Nacheinander kann immer ein Kind eines seiner ausgeschnittenen Motive zeigen und erklären, was darauf zu sehen ist. Dann kann das Kind sein Motiv auf das Plakat kleben. Achten Sie dabei darauf, dass ein „Berg“ entsteht. Da es wahrscheinlich eine sehr große Menge an aufgeschnittenem Material ist, können Sie Dinge, die doppelt oder dreifach da sind, auch gleichzeitig aufkleben. Stellen Sie dabei einfach die Frage: „Hat noch jemand eine Zahnpasta ausgeschnitten, weil er diese täglich verwendet?“
Beschriften Sie nach der Fertigstellung das Plakat mit: „Auch durch uns wächst der Müllberg“. Hängen Sie das Plakat auf und betrachten Sie es gemeinsam. Die Kinder erkennen, dass jeder von uns jeden Tag aufs Neue Müll produziert – und zwar richtig viel.

4 Müll ist nicht gleich Müll

SACHGESPRÄCH MIT KREATIVAKTION

ALTER ab 3 Jahren

ZIELE Sprache, Beobachtung, Forschen

MATERIAL vorbereiteter, „sauberer" Müll aus dem Mülleimer (es sollten ein Taschentuch, ein Plastikbecher, Malpapier, ein Altglas und eine Obstschale, beispielsweise ein Stück Orangenschale, dabei sein), 1 großer Bogen Fotokarton, Stifte, Supermarktprospekte, Schere, Kleber

Müll und Abfall: Davon gibt es jede Menge. Das wissen die Kinder inzwischen. Aber Müll ist nicht gleich Müll. Müll kann man trennen. Gucken Sie dazu doch mal im Kita-Müll nach!

Besuchen Sie mit den Kindern doch einmal die Mülltonnen der Kita und werfen Sie einen Blick hinein: Wie riecht das? Was ist da alles drin? Welche Tonnen in welchen Farben gibt es? Zurück im Gruppenraum kommen Sie mit den Kindern zu einem Sitzkreis zusammen und zeigen den vorab gesammelten vorbereiteten Müll (siehe Material). Das ist Müll, den wir im Kindergarten „produzieren". Lassen Sie die Kinder darin kramen und die Gegenstände benennen und sortieren. Die Kinder werden von sich aus vielleicht schon eine Vorstellung von Wertstoff (gelber Sack/gelbe Tonne) und Restmüll haben. Sortieren Sie mit den Kindern den Müll in verschiedene „Ecken".
Unterteilen Sie jetzt den Fotokarton in acht Spalten.

Ordnen Sie gemeinsam den Spalten Begriffe der Müllsortierung zu und schreiben Sie die Begriffe ganz oben in die Spalten. Hier finden Sie eine Übersicht über die Oberbegriffe und die Gegenstände, die aus Ihrem Beispiel-Müll zugeordnet werden können:

1. Restmüll – Taschentücher
2. Wertstoffmüll – Plastikbecher
3. Altpapier – Malpapier
4. Altglas – Flasche
5. Kompost – Bananenschale
6. Sperrmüll – Schrank
7. Sondermüll – Farben
8. Altkleider – Hose

Die Kinder können den Müll nun den einzelnen Spalten zuordnen (kleinere Gegenstände können auch einfach in die Spalten geklebt werden). Dabei wird klar: Es fehlen noch Sperrmüll, Sondermüll und Altkleider. In diese Spalten können die Kinder Gegenstände/Abfälle malen, beispielsweise einen alten Schrank beim Sperrmüll oder eine Dose/einen Eimer mit Wandfarbe beim Sondermüll – wie in der Tabelle zu sehen. Alternativ können die Kinder auch Gegenstände aus Prospekten ausschneiden und hier aufkleben.

TIPP Sie können noch weiteres Material bereithalten, damit das Plakat sehr realistisch gefüllt wird. Toll ist es, wenn Sie die Spalten farbig beschriften und dabei die Schriftfarbe der Farbe der Tonne anpassen, so wie auf unserem Poster: Hier ist der Restmüll schwarz geschrieben, der Kompost braun – das ist aber je nach Bundesland ganz unterschiedlich.

5 Ein Gesicht für die Müllabfuhr

KREATIVAKTION

ALTER ab 4 Jahren

ZIELE Kreativität, Fantasie, Feinmotorik, Kommunikation, Teamgeist

MATERIAL Schere, Kleber, Kreppklebeband, Pinsel, Fingerfarben, Heißklebepistole, weitere Materialien, die zum Basteln geeignet sind (wie Karton, Papier, Becher, Korken, Schachteln, Verpackungen, Dosen, Wolle, Stoff, Trinkhalme usw.)

Nicht nur der tägliche Müll steht bei dieser Kreativaktion im Mittelpunkt. Suchen Sie in Ihrer Einrichtung in Schränken und Ecken nach Bastelmaterialien, die Sie nicht mehr brauchen, und stellen Sie diese den Kindern zur Verfügung!

Schauen Sie mit den Kindern doch einmal zu, wenn die Müllabfuhr an die Kita kommt. Die Kinder möchten vielleicht winken und beobachten, wie der Inhalt der Tonnen im großen Müllauto verschwindet. Zurück in der Kita können die Kinder dann eine Müllfrau oder einen Müllmann gestalten – und dazu die Materialien nutzen, die Sie vorbereitet haben. Sprechen Sie auch mit den Kindern darüber, dass diese Materialien eigentlich Reste sind, die sonst vielleicht ebenfalls im Müll landen würden. Als Müllretter können die Kinder sie aber noch richtig gut verwenden.

Versammeln Sie sich mit den Kindern vor der Materialecke. Regen Sie die Kinder dazu an, miteinander zu sprechen, Ideen zu sammeln und mit den vorhandenen Materialien zu experimentieren, bevor es ans eigentliche Bauen geht. Lassen Sie den Kindern, soweit es geht, freie Hand und unterstützen Sie, wenn nötig, z. B. mit der Heißklebepistole.
Wenn der „Müllmann" oder die „Müllfrau" fertig sind und keine weiteren Bastelmaßnahmen nötig sind, können die Kinder ihm/ihr einen Namen geben.

6 Rüsselinchen, das Müllmonster

GESCHICHTE

ALTER ab 4 Jahren

ZIELE Achtsamkeit, Nachhaltigkeit, Zuhören, Konzentration

MATERIAL Sitzkissen

Auf fantasievolle Weise thematisiert die Geschichte das unbedarfte Wegwerfen von Müll in die Umwelt.

Laden Sie die Kinder zu einem Sitzkreis ein und lesen Sie ihnen die Geschichte vor.

Geschichte

Mit dieser Geschichte möchte ich euch Rüsselinchen vorstellen: Sie ist ein graues Müllmonster, das heute besonders schlecht gelaunt ist. Doch das ist nichts Neues – Rüsselinchen stapft Tag für Tag durch die Gegend und ist immer schlecht gelaunt. Doch nicht nur das, mit jedem

Schritt hinterlässt sie, ohne dass sie es bemerkt, eine Menge grauen, stinkenden Müll. Auf ihrem gegangenen Weg liegen Plastiktüten, Taschentücher, Bonbonpapier und Plastikbecher und bald ist der grüne Wald voll mit Abfall.
Alle Tiere fliehen, sobald Rüsselinchen naht. Denn dort, wo nur noch Müll liegt, kann ja keiner mehr wohnen. Die großen und kleinen Tiere machen sich große Sorgen, denn der Müllberg wächst und wächst und wird immer größer, je länger Rüsselinchen durch die Gegend stapft. Bald ist fast kein Fleckchen Wald mehr übrig, das sauber ist. Die Tiere versuchen zwar immer wieder, hinter Rüsselinchen aufzuräumen und den Abfall einzusammeln, doch es gelingt ihnen nicht, denn es ist einfach zu viel Müll.
Die Tiere werden richtig wütend auf Rüsselinchen.
Lange überlegen sie, was sie tun können. Der Wald sieht wirklich nicht mehr schön aus. Aber wie können sie Rüsselinchen stoppen? Da nimmt die schlaue Eule es in die Hand. Sie malt eine Fahne mit dem Wort „Hilfe", nimmt all ihren Mut zusammen und fliegt zu Rüsselinchen.
„Haaalt!", ruft die Eule. „Halt an, sonst bekommst du es mit mir zu tun!"
Rüsselinchen hört die Eule erst gar nicht. Doch die Eule gibt nicht auf und nachdem sie mindestens hundert Mal „Haaalt!" gerufen hat, sodass sie schon ein bisschen heiser ist, hält Rüsselinchen an und schaut sich um.
Dann sieht das Müllmonster die Eule und erschrickt. Es hat noch nie eine Eule gesehen und erst recht kein Tier, das fliegen kann. Das ist ja kein Wunder, denn alle flüchten vor ihm, wenn es durch die Gegend trampelt und Müll verteilt.
Die Eule wedelt mit ihrer Fahne vor der Nase des Müllmonsters herum.
„Wieso steht denn da ‚Hilfe' auf deiner Fahne?", fragt Rüsselinchen.
„Warum?", wiederholt die Eule. „Na, schau dich doch mal um: Du machst alles voller Müll!"
Umgeschaut hat sich Rüsselinchen noch nie. Sie ist immer nur geradeaus gegangen. Also dreht sich Rüsselinchen langsam um … und sieht die schlimme Bescherung.
„Ojemine", sagt Rüsselinchen und traut ihren Augen kaum. „War ich das etwa?"
Die Eule nickt: „Ja, das warst du. Der ganze Müll ist so schrecklich!"
Rüsselinchen versteht die Eule und wird sehr traurig, denn sie hat doch nicht gewusst, dass sie mit jedem Schritt Müll verteilt.

„Hoffentlich kann man das wieder reparieren", überlegt Rüsselinchen. All ihre schlechte Laune ist weg. Sie ist sehr traurig geworden. Und es tut ihr sehr leid.
„Aber ja", sagt die Eule. „Wenn wir alle zusammen helfen und du keinen weiteren Müll verteilst, dann kriegen wir es schon hin, den Müll zu beseitigen."
„Meinst du wirklich?", fragt das Müllmonster.
„Na klar", bekräftigt die Eule.
Rüsselinchen ist glücklich, dass ihr die anderen Tiere helfen wollen.
Da hat die Eule eine Idee: „Nimm deinen Rüssel, mit dem kannst du doch wunderbar den ganzen Müll aufsaugen wie mit einem Staubsauger!"
„Ja, das mache ich", antwortet Rüsselinchen und fängt direkt an zu saugen.
Und etwas ganz Wunderbares passiert: Je mehr Müll Rüsselinchen aufsaugt, desto bunter wird das Müllmonster. Und das findet nicht nur Rüsselinchen selbst toll, sondern auch alle Tiere und Pflanzen im Wald freuen sich mit ihr.
Alle helfen jetzt mit und räumen den Müll gemeinsam weg, bis der Wald wieder sauber ist. Dann versprechen alle Tiere, auf Rüsselinchen zu achten und sie sofort anzusprechen, falls sie mal wieder unbedacht durch die Gegend stapfen und Müll verteilen sollte. Da freut sich Rüsselinchen, denn auch dem Müllmonster gefällt die Welt ohne Müll viel, viel besser.

TIPP Besprechen Sie im Anschluss gemeinsam die Geschichte. Gibt es andere, die auch einfach nur Müll in die Umwelt werfen? Wer hat solchen Müll schon einmal gesehen? Thematisieren Sie auch das „Leid" der Tiere, wenn ihr Lebensraum vermüllt ist. Was bedeutet das für sie?

7 Müllsucher

SINNESWAHRNEHMUNG

ALTER ab 3 Jahren

ZIELE Umweltbewusstsein, Beobachtung, Wissen über Natur und Umwelt, Wahrnehmung

MATERIAL Garten- oder Arbeitshandschuhe, Eimer/Bollerwagen, Müllzangen

Bei einem Spaziergang Müll sammeln? Diese Aktion bleibt den Kindern bestimmt noch lange in Erinnerung und macht uns bewusst, wie viel wir selbst einfach wegwerfen, ohne darüber nachzudenken.

Statten Sie alle Kinder mit Schutzhandschuhen aus und bereiten Sie sich je nach Wetterlage (entsprechende Kleidung) auf den Spaziergang vor.
Die Kinder erhalten während des Spaziergangs die Aufgabe, auf jegliche Art von Müll zu achten. Dieser wird aufgesammelt und in die Eimer bzw. im Bollerwagen gesammelt.
Zurück in der Einrichtung wird der Müll im Außengelände ausgebreitet. Was ist das für Müll

und vor allem: Wie kam er in die Umwelt? Diskutieren Sie mit den Kindern, ob es gut ist, Müll in der Umwelt zu verteilen, und wie man dies vermeiden könnte.
Anschließend wird der Müll korrekt entsorgt.

TIPP Damit die Aktion in Erinnerung bleibt, können Sie Müll, der in der Gegend liegt, fotografieren und eine Collage erstellen.

8 Müll unter der Lupe

EXPERIMENT

ALTER ab 4 Jahren

ZIELE Materialkunde, Sprache und Kommunikation, kognitive Fähigkeiten, Wissen über Natur und Umwelt

MATERIAL Papier, Gartenschaufeln, 6 größere Steine, wasserfeste Stifte, 1 großer Bogen Tonkarton, Malstifte, Lineal, Abfall (beispielsweise Apfelreste, Papiertaschentuch, PET-Flasche, Milchkarton, Konservendose)

Müll ist nicht gleich Müll. Manche Abfälle bauen sich in der Natur schneller und ganz von selbst ab, andere brauchen eine kleine Ewigkeit und sind selbst dann noch in Mikropartikeln in Boden und Gewässern vorhanden.

Laden Sie die Kinder zu einem Sitzkreis ein und legen Sie einige der vorab gesammelten (möglichst „sauberen") Abfälle auf den Tisch. Rufen Sie den Kindern eventuell noch einmal die Müllsammelaktion in Erinnerung. Lassen Sie die Kinder die Dinge auf dem Tisch benennen und berichten, aus welchem Material die Sachen bestehen. Manche Materialen bauen sich in der Natur von selbst ab und verwandeln sich nach einiger Zeit einfach in Erde, andere dagegen nicht. Wie könnte man herausfinden, welche das sind? Haben die Kinder eine Idee?
Starten Sie nun das Experiment:
Gehen Sie mit den Kindern zu einer geeigneten Stelle, beispielsweise im Kita-Außengelände, und heben mit den Schaufeln sechs Löcher aus, je etwa 30 Zentimeter tief. Die Kinder legen jeden Abfall in ein bestimmtes Loch und decken alles wieder mit der Erde zu. Auf die Steine malen die Kinder auf, was

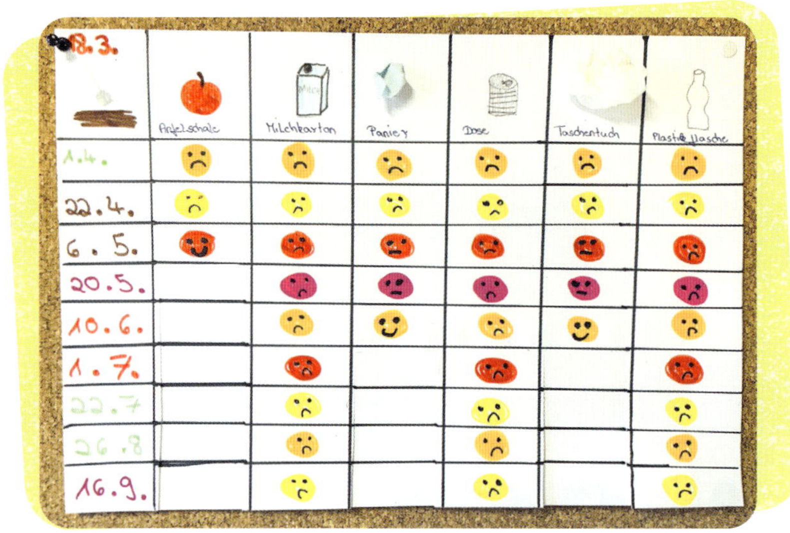

genau hier vergraben liegt. Alternativ und natürlich umweltfreundlicher können die Kinder auch eine kleine Schatzkarte malen, auf der notiert ist, unter welchem Stein sich was befindet. Jeder Stein kommt auf das betreffende zugeschüttete Loch, damit die Kinder später alles richtig wiederfinden können.

Schauen Sie mit den Kindern über einen längeren Zeitraum, beispielsweise etwa 14- tägig, nach, ob und wie sich die Abfälle inzwischen zersetzt haben. Um Ihre Beobachtungen festzuhalten, können Sie je nach Ideen der Kinder eine Tabelle als Beobachtungsprotokoll anlegen: In diesem Beispiel haben die Kinder einen traurigen Smiley gemalt, wenn sich etwas noch nicht verändert hatte. Hatte sich etwas zersetzt, vergaben sie einen lachenden.

Wenn Ihre Kinder so lange Geduld haben, können sie feststellen, dass sich nach vier bis sechs Monaten immer noch nicht alle Abfälle zersetzt haben. Woran liegt das? Warum vergeht mancher Müll eher schnell, anderer langsam oder fast gar nicht? Was könnte das für unsere Umwelt bedeuten?

TIPP Wenn es nicht zu viel Aufwand ist, können Sie Ihr gesamtes Experiment auch fotografieren und so festhalten, wie sich die Abfälle verändern.

Wie lange brauchen Dinge, um sich zu zersetzen?

Organische Lebensmittelabfälle haben die kürzeste Verrottungszeit: Apfelreste brauchen etwa 3–4 Wochen, Zitrusfrüchte benötigen wegen der dicken Schalen länger, erst nach 2–3 Jahren sind sie vergangen. Bei Papier beginnt die Zersetzung nach 6 Wochen. Dünne Plastiktüten brauchen etwa 20 Jahre. Plastikflaschen und Konserven sind nahezu nicht zersetzbar. Zurzeit geht man von 600 Jahren aus, Glasflaschen brauchen mindestens 4.000 Jahre. Selbst ein Kaugummi braucht 5 Jahre, bis er sich aufgelöst hat.

2

MÜLL UND MÜLL-VERMEIDUNG

Wie können wir Müll einsparen bzw. verhindern? Dazu bekommen Sie und die Kinder hier viele tolle, schnell selbst umsetzbare Ideen für die Kita und für die Familien zu Hause.

9 Unser Müllprotokoll

SACHGESPRÄCH MIT KREATIVAKTION

ALTER ab 3 Jahren

ZIELE Nachhaltigkeit, Beobachtung, Aufmerksamkeit, Mathematik

MATERIAL 2 große Bogen Tonkarton als Plakate, Supermarktprospekte, Schere, Kleber, Materialschälchen, Stifte, Müll (z. B. Papierhandtücher, Papier, Joghurtbecher etc.)

Das Thema „Müll" ist bei den Kindern nun präsent? Dann greifen Sie sich doch mal an die eigene Nase: Wie viel Müll produziert Ihre Gruppe denn so? Mit einem Müllprotokoll verschaffen Sie sich und den Kindern einen Überblick.

Überlegen Sie, welche Müllsorten auf Ihrem Müllprotokoll festgehalten werden sollen: Bestimmt fallen in der Kita-Gruppe wenige Teile Sondermüll an? Dafür aber relativ viele Wertstoffe, etwas Biomüll und Verpackungen. Für jede Sorte Müll planen Sie eine Zeile (quer): Ganz links in der Zeile können die Kinder ein Teil des betreffenden Mülls aufkleben, beispielsweise eine kleine Papierverpackung (Altpapier), in der Zeile darunter ganz links eine kleine Wertstoffverpackung (beispielsweise ein leeres Röhrchen von Seifenblasen), darunter malen die Kinder als Symbol für Biomüll vielleicht etwas Obst und Gemüse auf usw.
Legen Sie das „Müllmaterial" in einer Schachtel bereit.

Laden Sie die Kinder zu einem Sitzkreis ein und betrachten gemeinsam das Plakat des gestalteten Müllbergs. Gehen Sie nun gezielt auf den Müll ein, der während des Tages im Kindergarten anfällt. Stellen Sie den vorbereiteten Müll dazu.
Fragen Sie die Kinder, wer vielleicht heute schon etwas in den Mülleimer geworfen hat? Nennen die Kinder etwas, dürfen sie dies aus der Schachtel holen und in die Mitte legen. Dies kann ein Malpapier, Papierhandtuch oder auch ein Plastikbecher sein. Ist die Aufzählung zu Ende, holen Sie das vorbereitete Plakat hinzu. Kleben Sie die einzelnen Müllteile in jede Spalte und hängen das Plakat auf. Es sollte so hängen, dass es für die Kinder gut zugänglich ist.

Was heißt Nachhaltigkeit?

Das Wort „Nachhaltigkeit" ist seit einigen Jahren in den Medien sehr präsent, da sich das Bewusstsein dafür schärft, dass unsere Ressourcen endlich sind. Dabei ist das Thema „Nachhaltigkeit" nicht neu. Schon vor 300 Jahren verwendete man den Begriff in der Forstwirtschaft. Der Gedanke war, in einem Wald nur so viele Bäume zu fällen, wie in diesem Wald in absehbarer Zeit wieder nachwachsen konnten. Dadurch sollte langfristig der Erhalt des Waldes sichergestellt werden. Dieser Gedanke hat sich mittlerweile auf viele verschiedene Bereiche ausgeweitet.

2015 verabschiedete die UN im Rahmen eines Nachhaltigkeitsgipfels die „Agenda 2030 für nachhaltige Entwicklung". Diese hat zum Ziel, innerhalb von 15 Jahren verschiedene Maßnahmen zu initiieren, um die Lebensverhältnisse auf der Erde zu verbessern und gleichzeitig für künftige Generationen einen Schutz der Erde sicherzustellen. Sie verpflichtet alle Länder, einen Beitrag zur Zukunft der Erde zu leisten.

Geben Sie an die Kinder folgende Aufgabe weiter:
Drei Tage lang machen die Kinder immer dann einen Strich im jeweiligen Feld des Protokolls, wenn etwas weggeworfen wird, beispielsweise zeichnen die Kinder einen Strich beim Altpapier ein, wenn jemand Malpapier oder Papierhandtücher (je nach Entsorgungsplan der jeweiligen Gemeinde) nach dem Händewaschen wegwirft. Die Kinder können sich dabei gegenseitig daran erinnern, alles festzuhalten.

VARIATION Anstatt des Plakates können Sie auch Schachteln und Perlen verwenden. Für jede „Müllart" benötigen Sie eine Schachtel (z. B. Schachtel von Kosmetiktüchern). Kleben Sie auf diese den jeweiligen Müll und machen ein Loch. Statt nun Striche zu machen, werfen die Kinder immer eine Perle in die Schachtel.
Führen Sie das Müllprotokoll drei Tage lang.

Kommen Sie nach dieser Zeit mit den Kindern zu einem Kreis zusammen und legen das Protokoll in die Mitte. Betrachten Sie es mit den Kindern und zählen gemeinsam die Striche. Bei einigen Müllsorten wird es eine sehr große Menge sein, schreiben Sie trotzdem das Ergebnis auf.
Wenn alle Spalten gezählt sind, erkennen die Kinder, dass sie wirklich viel Müll produziert haben.
Denken Sie gemeinsam darüber nach, wie weniger Müll entstehen kann.

Gehen Sie mit den Kindern jede einzelne Spalte durch und suchen nach Lösungen:

- Papierhandtücher: Nicht zu viele auf einmal nehmen.
- Das Frühstücksbrot gar nicht erst in Alufolie, Frischhaltefolie oder eine Plastiktüte einpacken, sondern eine Brotdose verwenden.
- Malpapier: Mehr als einen Strich darauf malen bzw. auch die Rückseite verwenden.

Beschließen Sie mit den Kindern, das Experiment über den gleichen Zeitraum zu wiederholen. Dieses Mal achtet jeder mehr darauf, was er wann, wie und wie häufig verwendet.
Nach der erneuten Auszählung ziehen Sie mit den Kindern ein Fazit. Jeder kann darauf achten, was er verbraucht, und kann versuchen, Müll zu vermeiden, damit der Müllberg nicht weiterwächst.

10 Immer dieses Müllsortieren

GESCHICHTE

ALTER ab 3 Jahren

ZIELE Zuhören, Aufmerksamkeit, Konzentration, Sprache und Kommunikation

MATERIAL Sitzkissen

Welcher Müll gehört denn in welchen Mülleimer? Mila ist sich da oft nicht sicher. In dieser Geschichte lernt sie es mit etwas Unterstützung aber ganz schnell.

Laden Sie die Kinder zu einem Sitzkreis ein und lesen Sie ihnen die Geschichte vom Müllsortieren vor.

Geschichte

Familie Mauser sitzt beim Frühstück und jeder gibt Milch in sein Müsli. Als die Milchpackung bei Mila ankommt, ist sie natürlich leer.
„Bring sie gleich zum Mülleimer und hol dir eine neue Milchpackung", sagt Mama zu Mila.
Mila steht auf und wirft die Verpackung in den Müll. Da hört sie von hinten schon ihren Papa rufen: „Falscher Eimer!"
„Manno, warum kann ich mir nicht merken, wo welcher Müll hingehört?", denkt sich Mila.
Sie fischt die Milchpackung aus dem schwarzen Eimer und wirft sie in den blauen. Jetzt hört sie ihren Bruder lachen: „Wieder falsch!", und Papa ruft: „Das ist der Papiereimer."
Jetzt bleiben nur noch zwei Eimer übrig. In den einen kommt der Biomüll, das erkennt Mila genau, also wirft sie die Verpackung in den letzten Eimer.
„Soll ich dir die Sachen, die in die jeweilige Tonne kommen, draufschreiben?", fragt ihr Bruder Mike.
„Klaro, ich bin vier und kann dann alles lesen", antwortet sie jetzt genervt.
Mike schaut verdutzt. Er hat nicht daran gedacht, dass Mila noch gar nicht lesen kann. Doch dann hat er eine Idee. Er läuft in sein Zimmer und kommt mit seinen dicken Plakatstiften zurück. Und bevor Mama und Papa einschreiten können, fängt er an, den grünen Eimer zu bemalen.
„Bist du denn gerade etwas verrückt geworden, die Mülleimer zu beschmieren?", ruft Mama ziemlich laut.
Doch Mike lässt sich nicht stören. Er malt dem grünen Eimer ein Gesicht. Dann spricht er mit verstellter Stimme: „Ich bin das Wertstoffmonster und will nur Wertstoffmüll!"
Mila lacht und spielt mit: „Was ist denn Wertstoffmüll?"

„Das zeige ich dir jetzt", antwortet das Monster und Mike malt verschiedene Sachen, wie die Milchtüte, einen Joghurtbecher und eine Blechdose auf.
„Jetzt weißt du, was in diesen Eimer gehört, oder?", fragt Mike.
Mila nickt eifrig und auch Mama und Papa nicken.
„Hatten die das mit dem Müllsortieren auch noch nicht richtig verstanden?", überlegt Mila.
Da schnappt sich Papa einen Stift und fängt an, den blauen Mülleimer zu bemalen. Es dauert nicht lange, da sagt Papa: „Darf ich vorstellen? Das Papierfresserchen", und mit verstellter Stimme: „Hunger, ich habe Hunger, ich brauche Papier."
Jetzt kann sich auch Mama nicht mehr halten und wirft schnell einen alten Briefumschlag in den Eimer.
„Danke, danke ich brauch mehr", antwortet das Papierfresserchen.
Da wirft Mama einen Plastikbecher in den Eimer und das Papierfresserchen jammert: „Oh nein, ich bekomme Bauchweh! Nein, das schmeckt mir nicht!"
Schnell holt Mama den Becher wieder raus und wirft ihn in den grünen Eimer.
„Mmh, lecker", antwortet dieser. Doch eigentlich ist es Mike, der antwortet.
Jetzt ist Mama noch an der Reihe. Sie malt dem braunen Eimer ein Gesicht.
„Hier kommt der Biomüll rein, also z. B. Apfelschalen. Und in den schwarzen Eimer", erklärt sie und verziert das Gesicht darauf noch mit einem dichten Bart, „kommt der Restmüll. Also alles, was nicht in die anderen Eimer gehört."
„So, Mike, du räumst das Geschirr ab, und Mila, du wirfst den Müll weg. Und zwar immer alles in den richtigen Eimer", teilt Mama die Aufgaben zu.
Mila beginnt und bei jedem Teil, das sie richtig wegwirft, ruft der jeweilige Mülleimer: „Lecker!"
Das ist wirklich ein lustiges Spiel und Mila hat viel dabei gelernt. Am liebsten würde sie noch weiterspielen, doch der Tisch ist abgeräumt.
Da meint Mama: „Keine Sorge, Mila, es kommt ja noch das Mittagessen, Abendessen und natürlich morgen wieder das Frühstück."
Mila freut sich jetzt schon auf die nächste Mahlzeit.

Sprechen Sie mit den Kindern darüber, was Mila gelernt hat und dass man manche Dinge üben muss, bis man sie verstanden hat.

WICHTIG Teilweise haben die Bundesländer und Landkreise unterschiedliche „Müllfarben". Daher sollten Sie die Farben in der Geschichte natürlich an Ihr Bundesland anpassen.

11 Die Müllabfuhr

BEWEGUNGSAKTION

ALTER ab 3 Jahren

ZIELE Grobmotorik, Teamarbeit, Kommunikation, Bewegungsfreude

MATERIAL 2 Rollbretter, 2 große Kartons (alternativ Kisten mit Rollen), zwei Fleisch-, Gebäck- oder Grillzangen, etwa 10 × Plastikmüll, etwa 10 × Papiermüll

Bei diesem Bewegungsspiel arbeiten die Kinder im Team, sammeln Müll und wiederholen auf aktionsreiche Weise die Mülltrennung.

Verteilen Sie vor Spielbeginn den Plastik- und Papiermüll im Bewegungsraum. Stellen Sie die zwei Kartons auf die Rollbretter. Diese stellen jetzt die Müllwagen dar. Ein Kind setzt sich in den Karton und ist der Müllsammler. Es erhält hierfür eine Zange. Ein anderes Kind ist der Fahrer und schiebt das Kind durch den Raum. Jedem Müllwagen wird nun eine Müllsorte zugeteilt, die im Raum eingesammelt werden soll.
Zuerst geht es darum, nur den richtigen Müll zu sammeln. Anschließend kann dieses Spiel auf Zeit gespielt werden. Dann heißt es: Welcher Müllwagen sammelt schneller ein?

TIPP Sie können weitere Müllwagen fahren lassen. So kann es noch Metall (Blechdosen, Achtung: Vermeiden Sie scharfe Ränder!), Stoffreste oder weitere Abfallsorten geben.

12 Schluss mit falscher Mülltrennung

KREISSPIEL

AALTER ab 3 Jahren

ZIELE Sachwissen zu Mülltrennung, Konzentration, Merkfähigkeit, soziale Kompetenzen

MATERIAL Kopiervorlage „Mülltonne“, weißer Tonkarton oder helle Pappe, blauer, brauner/grüner, grüner/gelber/orangefarbener und schwarzer Stift, Plastikflasche, Wasser

Ausgangspunkt für dieses Spiel ist, dass sich die Kinder schon Wissen über die Mülltrennung angeeignet haben. Bei diesem Spiel können sie dieses Wissen jetzt noch vertiefen.

Übertragen Sie die Kopiervorlage „Mülltonne“ viermal auf weißen Tonkarton oder auf helle Pappreste. Schneiden Sie die vier Mülltonnen aus. Auf einer Seite bemalen Sie die ausgeschnittenen Motive in den Farben der Mülltonnen Ihres Landkreises, beispielsweise malen Sie eine Tonne gelb (oder grün oder orange) als Wertstofftonne an, die nächste grün (oder braun) als Biotonne, die dritte dann schwarz als Restmülltonne und die letzte blau als Altpapiertonne. Die Rückseite bleibt weiß oder unbemalt. Füllen Sie die PET-Flasche mit etwas Wasser, damit sie sich besser drehen lässt, und verschließen Sie sie fest. Nun können die Kinder zu einem Sitzkreis zusammenkommen. In die Mitte kommt die Flasche und um die Flasche herum die Mülltonnen, die Sie mit der unbemalten Seite nach oben auslegen. Das erste Kind kann nun die Flasche drehen. Das Kind, auf das der Flaschenhals zeigt, darf nun eine Mülltonne um-

drehen. Welche Farbe hat die Tonne? Was kommt also hinein? Das Kind kann beispielsweise sagen: „Das ist die blaue Tonne, sie mag am liebsten Papier, Pappe und Karton." Hat das Kind alles richtig gesagt? Dann legt es die Karte/Tonne wieder zurück (mit der bemalten Seite nach unten) und dreht erneut an der Flasche. Das Kind, auf das die Flasche dann deutet, darf nun eine der Tonnen umdrehen, vielleicht die braune/grüne Tonne, und sagt: „Ich bin die braune/grüne Tonne und ich liebe Kartoffelschalen, Obstschalen und Gemüsereste." So können Sie weiterspielen, solange die Kinder Lust haben.

TIPP Um die Mülltrennung noch weiter zu vertiefen, können Sie die Tonnen auf ein DIN-A4-Blatt aufkleben. Die Kinder schneiden aus Prospekten wieder Dinge aus und kleben diese passend zu den Tonnen.

13 Das Altpapier

GESCHICHTE

ALTER ab 3 Jahren

ZIELE Sensibilisierung für Papierverbrauch, Konzentration, Zuhören

MATERIAL Eimer mit Papierschnipseln und bemalten Blättern, die die Kinder weggeworfen haben

Noch aus kleinen Schnipseln, Locherabfällen und anderem „Papiermüll" lassen sich tolle Dinge kreieren. Für jedes Zettelchen Papier wird auch heute noch Holz von Bäumen verwendet. Um die Bäume und die Umwelt zu schonen und den Müllberg zu reduzieren, können wir uns bemühen, weniger Papier zu verbrauchen, wie beispielsweise in dieser Geschichte.

Kommen Sie mit den Kindern zu einem Sitzkreis zusammen und stellen den Eimer mit dem Papier dazu. Stellen Sie den Kindern die Frage, um was es sich in dem Eimer handelt und was damit jetzt passiert. Die Kinder werden erkennen, dass es ihre weggeworfenen Schnipsel und Papiere sind. Möchten die Kinder gern eine Geschichte dazu hören?

Geschichte

In einem Kindergarten, so wie bei uns, steht eine Kiste mit vielen bunten Blättern. Ganz oben liegt ein weißes Blatt. Das weiße Blatt freut sich, dass es oben liegt. Es hat schon gesehen, wie die Kinder der Kita sich ein Blatt nach dem anderen aus der Kiste holen und es mit den bunten Stiften verzieren. Das weiße Blatt möchte auch so gerne schön verziert werden und endlich ist es an der Reihe. Ein kleiner Junge holt es aus der Kiste und macht mit einem Stift einen Strich auf ihm. Doch was passiert jetzt? Das weiße Blatt ist verwirrt! Keine bunte Blumenwiese, kein schönes Haus wird auf ihm gemalt. Nur dieser eine Strich!

Abholzung und Rodung

Rund 60 Prozent der Landoberfläche der Erde waren früher mit Wald bedeckt – bis der Mensch kam und begann, Wälder abzuholzen. Heutzutage ist durch Abholzung und Rodung nur noch die Hälfte der Fläche vorhanden.
Waren früher noch der Ackerbau und Holznutzung der Hauptgrund für die Abholzung, stehen mittlerweile auch andere Ursachen im Fokus: Anbauflächen für Soja, Palmöl, Weizen und Zuckerrohr werden auf den maximalen Profit ausgerichtet angebaut und Weideflächen werden angelegt, um dem großen „Bedarf" an Fleisch gerecht zu werden. Mischwälder müssen schnell nachwachsenden Bäumen wie Kiefern oder Eukalyptus weichen, deren Holz für die Papierindustrie verwendet wird. Allein für Toilettenpapier und Wegwerftücher werden täglich etwa 270.000 Bäume gefällt.
Diese Abholzungen und Rodungen haben verheerende Folgen, da die Wälder für unsere Sauerstoffproduktion und Umwelt lebensnotwendig sind. Gerodete Flächen erwärmen sich schneller und wirken sich dadurch negativ auf das Klima aus. Zudem verschwinden die Lebensräume für viele verschiedene Tierarten unwiederbringlich.

Was das Blatt nicht weiß, ist, dass die Aufräumzeit im Kindergarten beginnt. Alle räumen schnell zusammen und ziehen sich an, denn die Eltern kommen.
Der kleine Junge kann sein Bild nicht mehr beenden und er wirft das Blatt in den Mülleimer. Da liegt es nun mit vielen anderen Blättern – manche sind schön bemalt, wie das Blatt neidisch zugeben muss. Doch es ist auch froh, dass es noch heil ist. Es liegen auch Blätter im Mülleimer, die einfach nur zerrissen oder zerschnitten sind.
So liegt das Papier nun traurig und träumt immer noch von bunten Stiften, Blumenwiesen und schönen Häusern, als der Mülleimer sich bewegt.
„Jetzt geht es zur Müllhalde, da werden wir verbrannt", hört das Blatt eine Stimme von ganz unten aus dem Eimer.
Das Malblatt erschrickt und denkt: „Zur Müllhalde will ich nicht! Ich will Papier bleiben! Aber leider ist das nicht mehr möglich, denn der kleine Junge hat mich weggeworfen."
Die Putzfrau kippt den ganzen Müll der Kita in die große Mülltonne an der Straße. Das Blatt sieht sich um. Es ist dunkel und noch viele andere Sachen liegen in der Tonne: ein Joghurtbecher, ein Plastikbeutel, sogar ein Stückchen Wurst hat sich in der Tonne eingefunden.
Die Mülltonne ist so viel größer als der Eimer und das Blatt fürchtet sich etwas. Aber der Plastikbecher und alle anderen Sachen fürchten sich auch, deshalb erzählen sie lustige Geschichten, bis dem Papier die Augen zufallen und es einschläft.
Am nächsten Morgen wird es jedoch unsanft geweckt: An der Mülltonne wird gerüttelt. Die Müllmänner holen die Mülltonne, der Deckel wird geöffnet und plötzlich – *schwupps* – ein heftiger Windstoß.
Das Blatt fliegt aus der Mülltonne heraus und landet auf der Straße.
Viele Menschen laufen an ihm vorbei und das Blatt denkt traurig an die Blätterkiste. Wie hatte es sich gefreut, bemalt und verziert zu werden! Aber nur ein einziger Strich ist auf ihm.
Doch da, jemand hebt es auf und streicht es glatt. Ganz sanft wird es zusammengefaltet und

das Papier hört ein kleines Mädchen reden: „Oh, ein weißes Blatt Papier, das kann ich gut gebrauchen."
Das kleine Mädchen trägt das Blatt nach Hause, legt es auf einen Tisch und streicht es noch einmal glatt. „Wer hat denn das Papier mit nur einem Strich weggeworfen? Das muss man nicht machen, ich dreh es einfach um."
So macht es das kleine Mädchen und malt mit vielen bunten Stiften die schönste Blumenwiese auf das Blatt. Das weiße Blatt ist nicht länger nur weiß und ist glücklich. Endlich wurde es wunderschön bemalt!

Beenden Sie hier die Geschichte und stellen die Frage, was das Mädchen wohl mit ihrem Bild gemacht hat. Es aufgehängt? Oder verschenkt? Haben auch die Kinder oder Sie selbst schon einmal Malblätter weggeworfen, obwohl sie noch gut bemalbar gewesen wären? Wie könnte man das in Zukunft anders machen? Nehmen Sie die Ideen der Kinder auf und überlegen Sie auch selbst mit: Vielleicht möchten Sie eine Kiste für gebrauchtes, aber noch gut weiterverwendbares Papier aufstellen. Oder Sie kaufen in Zukunft Recyclingpapier ein?

14 Zeitungsretter

BEWEGUNGSAKTION

ALTER ab 3 Jahren
ZIELE Grobmotorik, Freude an der Bewegung, Fantasie
MATERIAL Zeitungen, großer Karton

Alte Zeitungen müssen Sie nicht wegwerfen: Mit Zeitungen aus dem Altpapierkarton lässt sich eine tolle Bewegungseinheit gestalten. Dabei ist es eine Herausforderung für die Kinder, die Zeitungen nicht zu zerreißen.

Kommen Sie mit den Kindern im Bewegungsraum zusammen und setzen sich zunächst in einen Sitzkreis. Bitten Sie die Kinder, die Augen zu schließen, und rascheln Sie mit der Zeitung. Fragen Sie die Kinder, ob sie erkannt haben, um welches Geräusch es sich handelt.
Haben die Kinder das Geräusch erkannt, zeigen Sie den Kindern die Zeitung: Haben die Kinder Lust, einmal mit Zeitungen zu turnen?

Jedes Kind erhält eine Doppelseite einer Zeitung. Schon damit lassen sich viele tolle Bewegungsübungen durchführen. Können Ihre Kinder beispielsweise folgende Kunststücke?

- das Zeitungsblatt vor den Bauch halten und damit rennen
- auf dem Rand des Blattes balancieren
- das Blatt hoch über den Kopf halten und damit rennen
- über die Zeitung springen – vorwärts und rückwärts
- Zeitung auf den Kopf legen und durch den Raum gehen

Bewegungsspiele mit Zeitungen

Auch gemeinsam können die Kinder tolle Spiele mit Zeitungspapier entwickeln:

Zeitungstanz: Die Kinder legen ihre ausgebreitete Zeitung im Raum ab und bewegen sich zur Musik. Wenn diese stoppt, muss sich jeder schnell eine Zeitungsinsel suchen. Es wird in jeder Runde eine Zeitung entfernt. Somit scheidet jedes Mal ein Kind ohne Insel aus. Dieses darf dann im Anschluss die Musik für die nächste Runde stoppen.

Paarspiel: Jeweils zwei Kinder haben eine Zeitung zwischen Oberkörper/Rücken/Po oder auch Kopf und versuchen durch den Raum zu gehen, ohne dass die Zeitung herunterfällt.

Spiele mit geknüllten Zeitungsbällen:
- Die Kinder versuchen sich mit den Zeitungsbällen abzuwerfen.
- Jeweils zwei Kinder versuchen sich den Zeitungsball zuzuwerfen, mit dem Fuß zuzuspielen oder über den Boden zuzurollen.
- In die Mitte des Raumes wird ein großer Karton gestellt: Wer schafft es, den Ball hineinzuwerfen?
- Durch die Mitte des Raumes wird ein Netz oder Seil gespannt. Die Kinder werden in zwei Mannschaften eingeteilt und jede Mannschaft versucht, alle Bälle in die gegnerische Hälfte zu werfen.

Zeitungsschnipsel: Zum Schluss ist es für die Kinder toll, wenn sie ihre Zeitung zerreißen dürfen. Anschließend können alle Schnipsel in die Mitte des Raumes gelegt werden und die Kinder versuchen, Formen, Zahlen, Buchstaben oder kleine Bilder zu legen. Vielleicht kann ja schon jemand den eigenen Namen mit Schnipseln zusammenbauen?

TIPP Die Kinder möchten sich gern in den Schnipseln wälzen, darin „duschen", „baden" oder „Schwimmbewegungen" machen? Das sind interessante taktile Erfahrungen.

15 So viele Verpackungen!

BEOBACHTUNG MIT KOCHAKTION

ALTER ab 4 Jahren

ZIELE Umweltbewusstsein, Zusammenhänge erfassen

MATERIAL Papier, Stifte

Unsere Lebensmittel sind oft viel zu sehr eingepackt, umverpackt, eingeschweißt – manchmal doppelt und dreifach. Aber ist das wirklich notwendig? Und wie könnte man den Verpackungsmüll reduzieren? Gehen Sie mit den Kindern einkaufen und finden Sie es heraus!

Laden Sie die Kinder ein, eine Gemüsesuppe oder einen Obstsalat zu kochen/anzurichten.
Dazu braucht es zuerst eine Einkaufsliste. Stellen Sie diese mit den Kindern zusammen.
Die Einkaufslisten werden geteilt: Eine Hälfte der Zutaten kaufen Sie mit den Kindern im Supermarkt, die andere Hälfte auf dem Markt.
Packen Sie jeweils die Einkäufe auf einen Tisch. Was ist der Unterschied?
Die vielen Verpackungen werden den Kindern bestimmt sofort auffallen. Die Lebensmittel aus dem Supermarkt sind sehr häufig in Plastik verpackt. Die vom Markt sind dagegen in der Regel nicht verpackt. Die Kinder erkennen, dass es besser ist, Obst und Gemüse unverpackt zu kaufen, da so deutlich weniger Müll entsteht. Dann können Sie gemeinsam Suppe oder Salat zubereiten.

HINWEIS Informieren Sie die Eltern über diese Aktion. Denn die kleinen Einkaufsexperten achten beim Einkauf mit den Eltern zukünftig genau auf Verpackungen.

Wie viel Verpackung für Obst und Gemüse?

Frisches Obst und Gemüse wird zu 60 Prozent in Pappschalen, Plastik- bzw. Klappdeckelschalen, Folien oder Netzen vorverpackt verkauft. Im Jahr 2019 verursachte dies mehr als 100.000 Tonnen Verpackungsmüll – darunter rund 66.000 Tonnen Kunststoff und über 32.000 Tonnen Papier, Pappe und Karton. Tomaten haben mit 33 Prozent den größten Anteil am Verpackungsaufkommen für frisches Gemüse. Dicht gefolgt von Beeren/Trauben, für die zunehmend auch mehr Verpackungsabfall anfällt. Die Salatgurke in Folie stand lange Zeit im Fokus. Viele Anbieter haben die große Salatgurke inzwischen aber wieder „ausgepackt". Kaufen Sie dagegen auf dem Markt ein, fällt kein oder nur wenig Verpackungsmüll an!

16 Geschenkpapier-Recycling

SACHGESPRÄCH MIT KREATIVAKTION

ALTER ab 3 Jahren

ZIELE Nachhaltigkeit, Kreativität, Fantasie, Feinmotorik

MATERIAL „altes" Geschenkpapier oder Tüten, Tonkarton, Schere, Kleber, Schuhschachtel, Serviettenkleber

---

Das Geschenkpapier ist natürlich auch eine Verpackung, wenn auch eine sehr schöne. Dennoch wandert sie an Geburtstagen und in der Weihnachtszeit in den Müll. Dabei können Ihre Kinder mit viel Fantasie noch tolle Sachen daraus entwerfen und gestalten.

Sammeln Sie im Vorfeld bei den Eltern gebrauchtes Geschenkpapier oder Reste davon ein, die nicht mehr verwendet werden können.

Kommen Sie mit den Kindern zusammen und legen das mitgebrachte Geschenkpapier auf den Tisch. Die Kinder werden es sofort erkennen. Auf die Frage, was nach dem Auspacken mit dem Papier passiert, werden die Kinder wahrscheinlich auch schnell antworten: „Es kommt in den Müll!"
Doch das muss nicht sein. Man kann aus Geschenkpapier neue Dinge gestalten. Ob die Kinder Ideen haben? Die drei Möglichkeiten können den Anfang machen:

Glückwunschkarten

Schneiden Sie aus Tonkarton Rechtecke (30 × 20 cm) zu. Diese nun in der Mitte zu Aufklappkarten falten. Die Kinder gestalten das Deckblatt. Sie schneiden einzelne Figuren, Bordüren oder ganze Teile aus dem Geschenkpapier aus und kleben sie auf die Karten.

Weihnachtsanhänger

Die Kinder schneiden aus Weihnachtsgeschenkpapier Motive wie Engel oder Weihnachtsbäume aus und kleben sie auf Tonkarton oder feste Pappe. Dann einfach entlang der Umrisse ausschneiden und die freie Seite beschriften. Fertig sind tolle Geschenkanhänger! Auch möglich: die ausgeschnittenen Motive einlaminieren, lochen und einen Faden hindurchzeihen. So haben Sie Anhänger für den Weihnachtsbaum oder Adventskranz.

Schatzkisten

Eine eigene Schatzkiste für jedes Kind: In Schatzkisten, die in der Kita verstaut werden, können die Kinder kleine Geschenke, Fotos, Fundstücke und andere Schätze sammeln und sie am Ende des Kita-Jahres mit nach Hause nehmen. Dazu bekommt jedes Kind eine Schuhschachtel, die es mit bunten Papierresten und ausgeschnittenen Motiven aus dem Geschenkpapier nach eigenen Ideen bekleben und gestalten kann. Wichtig: Natürlich sollte jedes Kind ganz groß seinen Namen auf seine Schatzkiste malen.

17 Nachhaltig einwickeln

KREATIVAKTION

ALTER ab 4 Jahren

ZIELE Nachhaltigkeit, Feinmotorik, Arbeitsabläufe erfassen

MATERIAL Stoffreste (100 % Baumwolle), Bienenwachsperlen (für 6 Tücher à 25 × 25 cm benötigt man 200 g Bienenwachsperlen), Stoffschere, Bügeleisen, pflanzliches Speiseöl, Backpapier, Backblech, Küchentücher oder alte Baumwolltücher, Kopiervorlage „Begleitzettel Bienenwachstuch“

Womit packen Sie zu Hause und in der Kita Essensreste ein: mit Alu- oder Frischhaltefolie? Mit mehrmals verwendbaren Bienenwachstüchern hält sich alles genauso frisch und es fällt kein Verpackungsmüll an. Stellen Sie mit den Kindern solche Tücher doch selbst her. Sie sind auch ein tolles Geschenk an die Familien oder Eltern.

Schneiden Sie zunächst die Stofftücher in der gewünschten Größe zu. Für größere Behältnisse sollten Sie etwa 40 × 40 cm berechnen, für das Einpacken von Pausen- oder Frühstücksbroten

Bienenwachstücher

Mit Bienenwachstüchern, die auch Bee Wraps genannt werden, können Sie auf nachhaltige Weise Lebensmittel frisch halten. Diese Tücher sind eine natürliche, wiederverwendbare Frischhaltefolie und die Antwort auf das drängende Problem, dass auch Privathaushalte beim Verpackungsmüll sparen können und müssen.
Ein Bienenwachstuch kann zum Einpacken für die unterschiedlichsten Lebensmittel verwendet oder als Deckel bzw. Verschluss auf Behältern oder Dosen eingesetzt werden. Einmal verwendet ist das Bienenwachstuch ganz einfach zu reinigen und kann direkt wieder gebraucht werden.

reicht meist eine Größe von 25 × 25 cm. Verwenden Sie zum Zuschneiden eine gute Stoffschere, damit der Stoff nicht ausfranst. Tipp: Zickzackscheren sind hier nicht geeignet, da in die feinen Zacken das Bienenwachs nicht so gut eindringen kann.
Beachten Sie außerdem, dass sich der Stoff durch die Bienenwachsperlen leicht gelblich färbt.

Legen Sie das Tuch auf Backpapier. Damit die Tücher geschmeidiger und nicht so hart werden, ist ein wenig Öl hilfreich. Dafür tröpfeln die Kinder ca. alle 3–5 cm ein paar Tropfen pflanzliches Speiseöl auf das Tuch.
Wer eine ausgediente Sprühflasche zur Hand hat kann das Öl in diese Flaschen füllen und die Kinder besprühen den Stoff.
Wenn das Öl auf den Tüchern verteilt ist, verteilen die Kinder möglichst regelmäßig die Wachspastillen darauf. Je mehr Wachspastillen, desto „steifer“ werden die Tücher.
Das Backpapier mit dem Tuch nun auf ein Backblech ziehen und bei etwa 70 Grad zehn Minuten lang „erwärmen“ (das klappt je nach Ofen meist auch ohne Vorheizen).
Wenn alle Pastillen geschmolzen sind und das Tuch durchtränkt ist, das Blech aus dem Ofen nehmen und die Tücher zum vollständigen Auskühlen vom Blech nehmen.

Es ist nicht schlimm, falls das Wachs noch etwas unregelmäßig im Tuch verteilt ist. Denn die Tücher werden jetzt noch zwischen zwei Bogen Backpapier gelegt und gebügelt. Diese Arbeit übernehmen Sie am besten allein. Durch das Bügeln wird das Wachs gleichmäßig verteilt und vermischt sich auch gut mit dem Öl.
Ein Bienenwachstuch ist perfekt, wenn es nicht zu steif und nicht zu weich ist. Es sollte in Form bleiben, wenn man es um etwas herumwickelt, und sich nicht wieder von selbst entfalten. Aber es sollte auch nicht zu steif sein. Falls dies der Fall sein sollte, einfach ein Küchenpapier oder altes Bauwolltuch auf das Bienenwachstuch legen und kurz darüber bügeln. Das Küchenpapier saugt das Wachs nun auf.
Die Tücher sind jetzt fertig und können vielseitig eingesetzt werden. Wenn das Wachs an einem Bienenwachstuch durch die Nutzung leicht brüchig wird, einfach noch mal zwischen Backpapier legen und bügeln. Hier helfen auch ein paar zusätzliche Tropfen Öl.

WICHTIG Die Tücher nicht mit Spülmittel reinigen, da dieses die Wachsschicht zerstört!

18 Müll-Taster

SPIEL

ALTER ab 3 Jahren

ZIELE taktile Wahrnehmung, Müllsortierung, Materialkunde

MATERIAL großer Karton, Plastikbecher, Plastiktüte, Papier, Dose, Kronkorken, verschiedene Verpackungen, Taschentuch, DIN-A4-Papier in Grün, Braun, Schwarz, Blau, Schere

Bei diesem Spiel wird nicht nur die taktile Wahrnehmung gefördert, sondern auch Müll sortiert.

Schneiden Sie in den Karton ein oder zwei Löcher zum Hineingreifen. Legen Sie in den Karton vorbereiteten „Müll", den die Kinder durch Tasten erraten sollen. Achten Sie aber darauf, dass Ihr Müll keine scharfen Kanten hat wie beispielsweise Deckel von Konservendosen!

Legen Sie für den Biomüll eine ganze Banane, einen Apfel oder eine Mandarine in den Karton und erklären Sie den Kindern, dass Sie keine Schalen verwenden, da diese nicht so angenehm anzufassen sind.

Laden Sie die Kinder nun ein, das Tastspiel zu spielen: Ein Kind greift mit einer Hand in das Loch des Kartons und versucht zu erraten, welche Art von Abfall/Material sich darin befindet. Wenn es glaubt, einen Gegenstand erkannt zu haben, wird dieser bzw. die Abfallart benannt. Das Kind darf den Müll aus dem Karton ziehen. Nun können alle gemeinsam überprüfen, ob das Kind richtig liegt mit seiner Annahme. In welche Tonne (Biotonne, Restmülltonne, Wertstofftonne, Altpapier, …) kommt denn nun dieser Müll? Wissen die Kinder das?

VARIATION **Taschen-Tastspiel:** Dieses Spiel ist ganz schön knifflig und trainiert die Zusammenarbeit und Vernetzung der beiden Hirnhälften: In zwei Stofftaschen geben Sie jeweils immer zwei gleiche Gegenstände, beispielsweise je eine Papiertüte, einen Korken, einen Kronkorken, eine Cremedose, einen Metalldeckel, einen Plastikdeckel usw. Ein Kind greift nun mit je einer Hand gleichzeitig in beide Taschen und muss dieselben Dinge aus jeder der Taschen holen.

19 Recycling-Symbole

EXKURSION UND SACHGESPRÄCH

ALTER ab 4 Jahren

ZIELE Recyclingzeichen kennenlernen, Sprache, visuelle Wahrnehmung, Aufmerksamkeit

MATERIAL Fotoapparat, Plakat, Stifte

Bei dieser Schau-genau-Safari im Supermarkt suchen die Kinder Recyclingsymbole wie den Grünen Punkt. Aber wissen die Kinder auch, was er bedeutet?

Manche Verpackungen kann man mehrfach nutzen. Haben die Kinder schon einmal vom Grünen Punkt gehört? Gehen Sie aktiv auf die Suche danach – und zwar im Supermarktregal: Beginnen Sie mit der gemeinsamen Suche im Getränkeregal. Hier findet sich ein Zeichen, das sofort ins Auge fällt, das Einwegzeichen. Lassen Sie die Kinder ein Foto davon machen.
Gehen Sie weiter mit offenen Augen. Nun können die Kinder nach einem Produkt mit dem Grünen Punkt suchen. Auch dieses Symbol können die Kinder fotografieren.
Es gibt noch ein weiteres Recyclingsymbol, das die Kinder suchen können: Es besteht aus einem Dreieck aus angeordneten Pfeilen. In der Mitte des Symbols befindet sich eine Nummer, die das Verpackungsmaterial kennzeichnet. Ein zusätzliches Kürzel unter dem Dreieck gibt den genauen Werkstofftyp an. Auch dieses Symbol halten die Kinder mit der Fotokamera fest.

Zurück in der Einrichtung drucken Sie die Fotos aus und besprechen sie im Sitzkreis. Was bedeuten die Zeichen? Wie entsorgt man die Verpackungen richtig? Der Grüne Punkt bedeutet, dass die Verpackung über den Wertstoffmüll entsorgt werden soll. Einwegflaschen oder Dosen tragen einen verschlungen Pfeil auf dem Etikett. Dieser Pfeil bedeutet, dass man für dieses Getränk Pfand bezahlen muss, also Geld, das man zurückbekommt, wenn man die Flasche oder Dose zum Pfandautomaten bringt.

Besprechen Sie mit den Kindern das Ergebnis der Suchaktion:
- Der Grüne Punkt ist nicht immer grün, sondern oft schwarz oder blau.
- Der Grüne Punkt ist nicht so einfach zu finden auf den Verpackungen.
- Fast alle Verpackungen sind mit einem Zeichen gekennzeichnet.

Kleben Sie Ihre Fotos auf einem Plakat auf und notieren Sie die Bedeutung der einzelnen Symbole darunter.

Recycling-Symbole

Seit 1991 regelt eine „Verpackungsverordnung" die Wiederverwertung von Verpackungen in Deutschland. Alle Verpackungen, die mit dem Symbol des Grünen Punkts versehen sind, sind Teil eines organisierten Rücknahme- und Verwertungssystems.

Grüner Punkt: Dieser bedeutet, dass die Verpackung über den Wertstoffmüll (gelbe oder orangefarbene Tonne) entsorgt werden kann.

Recycling-Code: Durch drei im Dreieck angeordnete Pfeile mit einer Nummer in der Mitte werden die Verpackungen, die recycelt werden können, gekennzeichnet. Die Nummer bezeichnet das Material und das Kürzel die Werkstoffgruppe.

Einweg – Mehrweg: Einwegflaschen werden, nachdem sie leer sind, meist in Pfandautomaten zurückgegeben, um recycelt zu werden. Hier werden sie gepresst, anschließend in einer Recyclinganlage zu kleinen Flakes geschreddert und können dann zur Herstellung neuer Materialien benutzt werden. Ein weißer Kasten mit einer Flasche, einer Dose und einem Pfeil symbolisiert, dass diese Flasche zurückgegeben werden kann.
Mehrwegflaschen können nach einer Reinigung wiederverwendet werden.

20 So sieht unsere Müllabfuhr aus

KREATIVAKTION

ALTER ab 4 Jahren

ZIELE Feinmotorik, Kreativität

MATERIAL Kopiervorlage „Müllwagen", Kopiervorlage „Mülltonne", Tonkarton in Orange, Grün, Braun, Gelb, Blau und Schwarz, Tonpapier in den Farben Schwarz, Silber oder Grau, schwarzer Stift, Schere, Kleber

„Unsere" Müllabfuhr gestalten: eine tolle Idee? Bevor Sie loslegen, müssen Sie sich mit den Kindern erst einmal auf die Lauer legen und Ihre Müllabfuhr beobachten: Je nach Region, Landkreis oder Müllunternehmen sehen Müllautos ganz unterschiedlich aus. Anschließend können Sie sie mit Papier und Tonkarton ganz leicht nachgestalten.

Übertragen Sie die Kopiervorlagen auf das passende Papier. Die Kinder schneiden die Einzelteile aus und kleben das Fahrzeug zusammen. Mit dem schwarzen Stift das Fahrzeug ausgestalten. Jetzt können die Kinder Tonnen passend zu „Ihren" Mülltonnen aus farbigem Papier ausschneiden und das Müllauto in den bei Ihnen passenden Farben ausmalen.
Stellen Sie die Müllabfuhr-Dekoration ans Fenster, hängen Sie sie auf oder dekorieren Sie sie auf Ihrem Projekttisch!

VARIATION Je nach Entsorgungsunternehmen kann die Farbe des Müllfahrzeuges variieren, passen Sie die Papiersorten deshalb an. Das Gleiche gilt auch für die Tonnen.

21 Wie wird der Müll recycelt?

SACHGESPRÄCH MIT KREATIVAKTION

ALTER ab 3 Jahren

ZIELE Sachwissen, Konzentration, Zuhören, Feinmotorik

MATERIAL Kopiervorlage „Müll recyceln", Schere, Kleber, ein großer Bogen Tonkarton (etwa DIN A2), Glasflasche, Trinkglas, Zeitung, Karton, Papierstreifen, Konservendose, Schraubenschlüssel, Plastikbecher, Plastikflasche, Prospekte, Zeitschriften

Die Kinder wissen jetzt, dass man mit Müll noch jede Menge anfangen kann, beispielsweise wenn er recycelt wird. Doch was genau geschieht beim Recyceln? Diese Frage klären die Kinder mit einer Kreativaktion.

Zerteilen Sie den großen Bogen Tonkarton längs in vier gleich große Streifen. Hängen Sie die Streifen nebeneinander auf. Kopieren Sie das Müllauto viermal und malen Sie jedes Müllauto in den Farben Ihres Abfallbetriebes oder passend zur Müllart an, z. B. blau für Altpapier, orange für Wertstoffe, grün für Glas und grau für Metall. Schneiden Sie auch die restlichen Symbole aus: Sie benötigen viermal die Fabrik, viermal den Wasserbottich, dreimal die Zahnräder, dreimal den Ofen und einmal die Walzen.
Legen Sie die ausgeschnittenen Symbole neben Ihren Plakatstreifen zurecht.
Sind die Kinder neugierig, was aus all dem Müll in den Müllaufbereitungsanlagen wird?

Das Altpapier wird vom Müllwagen abgeholt. Legen Sie dazu den ersten Plakatstreifen vor die Kinder, auf dem das blaue Müllauto klebt. Das Papier wird in eine Fabrik gebracht. Hier können die Kinder das aus der Kopiervorlage ausgeschnittene Symbol für die Fabrik aufkleben. Hier in der Fabrik wird das Papier von den Zahnrädern zerkleinert. Nun kleben die Kinder die

Zahnräder auf. Anschließend werden die vielen Papierschnipsel in einem großen Wasserbottich eingeweicht. Der Wasser-Papierreste-Brei wird nun mit großen Walzen platt gedrückt. Nach dem Trocknen ist neues Papier oder Karton entstanden. Legen Sie ein Stück Karton hinzu.

Die Plastikflasche wird ebenfalls vom Müllwagen abgeholt. Legen Sie nun den zweiten Plakatstreifen vor die Kinder, auf dem das orangefarbene Müllauto klebt. Die Flaschen werden vom Müllwagen abgeholt und dann in eine Fabrik gebracht. Nun werden die Flaschen in einem Bottich gereinigt und anschließend mit Zahnrädern zerkleinert. Die gereinigten, zerkleinerten Flaschen werden im Ofen erhitzt und geschmolzen. Nun kann etwas Neues aus den Flaschen entstehen, z. B. ein Becher aus Plastik oder Kleidung. Stellen Sie einen Becher oder eine Plastikflasche auf den Plakatstreifen.

Die Konservendose wird vom Müllwagen abgeholt. Legen Sie nun den dritten Plakatstreifen vor die Kinder, auf dem das Müllauto klebt. Die Dosen werden in eine Fabrik gebracht. Nun werden die Dosen in einem Bottich gereinigt (Bottich aufkleben) und anschließend mit Zahnrädern zerkleinert. Die gereinigten, zerkleinerten Dosen werden im Ofen erhitzt und geschmolzen. Nun kann etwas Neues aus den Dosen entstehen, z. B. eine neue Dose oder ein Schraubenschlüssel. Stellen Sie eine Dose auf den Plakatstreifen oder kleben ein Bild auf.

Glas aus dem Altglascontainer wird vom Müllauto ebenfalls in die Fabrik gebracht. Nach dem Reinigen im Bottich zerkleinern Zahnräder sie zu feinen Scherben. Im Ofen werden die Scherben erhitzt und geschmolzen. Aus der Masse können dann neue Glasbehälter entstehen. Stellen Sie nun ein Glas auf den Plakatstreifen.

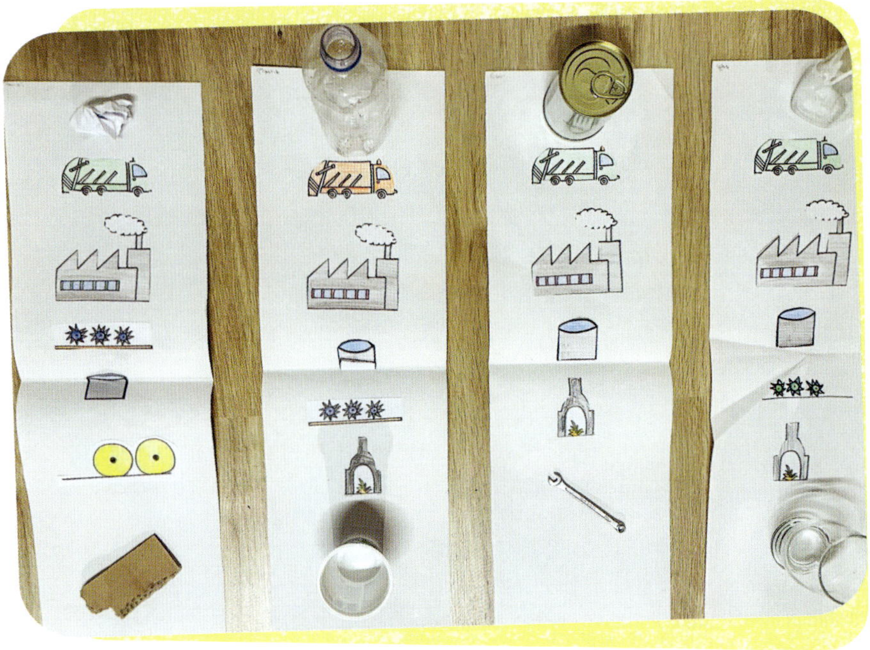

3

RESSOURCEN SCHÜTZEN, ERHALTEN UND GESTALTEN

Von wegen Wegwerfkultur: In diesem Kapitel entsteht aus Altem Neues, aus Müll Wertvolles und aus Ausrangiertem können neue Lieblingsstücke werden.

22 Upcycling-Tasche

KREATIVAKTION

ALTER ab 3 Jahren

ZIELE Nachhaltigkeit, Konsumkompetenz, Feinmotorik, Fantasie, Kreativität

MATERIAL T-Shirt, Stoffmalfarben, Schere

Simsalabim aus einem alten Shirt eine schicke Tasche herstellen? Kein Problem: Mit diesem kleinen Trick geht das ganz fix und die Kinder können schon viel allein übernehmen. Ganz ohne Nähmaschine upcyceln Sie ungeliebte Altkleider so in nützliche Tools.

Bitten Sie die Eltern, ihrem Kind ein ausgedientes Shirt mitzugeben. Falls es mit Stoffmalfarben bemalt werden soll, müssen Sie darauf achten, dass es hellere Farben hat. Es kann auch ein ausgedientes Lieblingsshirt der Kinder sein, beispielsweise mit einer bekannten Comicfigur.

Recycling und Upcycling

Das Wort *Recycling* bedeutet so viel wie „etwas in den Kreislauf zurückführen" (lat. *re* = wieder und *cyclus* = Kreis, Kreislauf). Das heißt, dass bereits hergestellte Gegenstände, die weggeworfen werden, zu neuen Produkten verarbeitet werden. Dies kann so simpel sein wie alte T-Shirts, die zu Putzlappen umfunktioniert werden, oder komplexere Vorgänge beinhalten, wie die Herstellung von Verpackungen, Kleidung und vielem anderen aus dem Granulat von geschredderten Plastikflaschen.
Upcycling hingegen verweist darauf, etwas durch eine Zweitverwertung hoch- bzw. aufzuwerten (vom englischen *up* = hoch). So werden aus alten Flaschen oder Gläsern z. B. Blumenvasen oder aus Holzpaletten Möbel.

Da es für die Kinder nicht einfach ist, den Stoff zu schneiden, bereiten Sie die Shirts vor: Einfach die Ärmel entlang der Linie am Armloch abschneiden und den Ausschnitt oval oder eckig etwas vergrößern. Über die gesamte Länge des unteren Saumes schneiden Sie etwa 10 cm lange und 2 cm breite Streifen ein. Dabei sollte das Shirt doppelt liegen.
Ältere Kinder können das Einschneiden der Streifen schon selbst übernehmen.
Jetzt wird der Boden der Tasche gefertigt. Dafür immer einen Streifen vom Vorderteil und einen vom hinteren Teil mit einem Doppelknoten zusammenknoten. Das können Sie gemeinsam mit den Kindern erledigen.
Die nun herabhängenden Stoffstreifen können die Kinder noch mit der Schere kürzen oder einfach lang herabhängen lassen. Am vergrößerten Halsausschnitt können Sie nun die Tasche wie mit Henkeln greifen. Nun können die Kinder ihre Taschen noch nach eigenen Ideen bemalen oder bedrucken. Dazu können sie Stoffmalfarben oder -stifte nutzen. Fertig ist eine tolle Einkaufstasche!

23 Papier schöpfen

EXPERIMENT MIT KREATIVAKTION

ALTER ab 4 Jahren

ZIELE Materialkunde, Herstellungsprozesse kennenlernen, Feinmotorik

MATERIAL Papier- und Pappreste, ein Pürierstab oder Mixer, Messbecher, dünnmaschige Siebe (z. B. Pfannenspritzschutz oder Fliegengitter), saugfähige Tücher und Lappen (z. B. Schwammtücher, alte Handtücher, beispielsweise vorab in einer Elternaktion eingesammelt), eine große Wanne oder Eimer, Bretter zum Pressen oder ein Nudelholz/Tapetenroller, eine Wäscheleine

Diese Kreatividee ist zwar etwas aufwendiger, aber dafür ein echtes Erlebnis für die Kinder: Sie können hier miterleben, wie aus alten Schnipseln ein wunderschönes, einzigartiges Künstlerpapier wird. Bei einem Familiennachmittag können sich vielleicht auch die Eltern mit einbringen.

Die Kinder zerreißen das Papier in kleine Stücke von etwa 2–3 cm und weichen diese Stücke in Wasser ein. Das eingeweichte Papier 1–2 Tage stehen lassen. Dann mit dem Mixer noch weiter zerkleinern, sodass ein Brei entsteht – diesen nennt man Pulpe. Bei Bedarf noch etwas Wasser dazugeben, damit der Brei sehr flüssig wird.

Jetzt kann es mit dem Papierschöpfen richtig losgehen. Die Kinder schöpfen die verdünnte Pulpe mit einem Messbecher aus der Schüssel und gießen sie über einem engmaschigen Sieb, z. B. einen Pfannenspritzschutz, aus.
Etwas abtropfen lassen und das Sieb auf ein Tuch stürzen. Unter dem Tuch sollten noch weitere Tücher sein, damit die Flüssigkeit gut aufgenommen wird. Hier können sie alte Handtücher aus einer Sammelaktion bei den Eltern verwenden. Einen Lappen über die Pulpe legen und etwas flach drücken – so wird Flüssigkeit aus dem geschöpften Papier herausgesaugt. Dieses nasse Tuch entfernen und ein weiteres trockenes Tuch auf die Masse legen und mit einem Nudelholz oder mit einem Brett die Masse flach pressen. Je mehr gepresst wird, desto weniger Wasser bleibt in der Masse zurück. So kann sich diese besser verbinden und das Papier wird stabiler. Nun können Sie die Lappen mit dem Papier dazwischen aufhängen. Falls sich das obere Tuch leicht entfernen lässt, dieses schon lösen.
Nach dem Trocknen löst sich das untere Tuch fast von selbst und das fertige Papier kann unterschiedlich verwendet werden, z. B. für Einladungen oder Urkunden für ein Elternfest.

HINWEIS Eine genaue Mengenangabe zum notwendigen Papier und Wasser kann nicht gegeben werden, da die Papiermenge von der Größe und Dicke des neuen Papiers abhängig ist und die Wassermenge von der Beschaffenheit des Papiers. Für die Herstellung von acht Blättern sollten es aber ca. zwei Tageszeitungen sein.

24 Unser Komposthaufen

EXPERIMENT

ALTER ab 3 Jahren

ZIELE Umweltbildung, Nachhaltigkeit

MATERIAL einen Komposthaufen, einige Äste

Erde kann man selber machen: Produzieren Sie von nun an Ihre Pflanzenerde für Pflanzaktionen oder Blumenbeete selbst mit einem eigenen Komposthaufen. Durch dieses langfristig angelegte Angebot lernen die Kinder, dass auch aus einer Karottenschale etwas Neues und Nützliches entstehen kann – und Sie können viele Abfälle umweltschonend entsorgen. Die Einrichtung eines Komposthaufens oder Komposters ist aber nicht in allen Einrichtungen gestattet. Sie müssen hierzu dringend die Einwilligung des Trägers einholen und einige wichtige Richtlinien (wegen Geruchsbelästigung usw.) einhalten!

Sie haben das „Go“ von Träger, Leitung, Eltern und Kita-Beirat erhalten? Dann her mit dem Kompost. Damit Ihr Komposthaufen auch wirklich funktioniert, müssen Sie mit den Kindern zunächst einen geeigneten Standort aussuchen: Am besten eignet sich ein Ort ganz am Rand des Kita-Außengeländes, am besten im Halbschatten. Wind sollte nicht vom Komposthaufen in den Kita-Garten wehen, da es möglicherweise zu Geruchsbildung kommen könnte. Auch

Was darf in den Kompost?

Verwelkte Blätter, Gras, Zweige, Obst- und Gemüseabfälle, eingegangene Topfpflanzen, alte Blumenerde … Eigentlich fast alles, nur keine Asche, Sägespäne, Zeitungen, Glas, Plastik, Stoff oder gekochte Essensreste, kann in den Kompost.

Nachbarn sollten davon nicht gestört werden. Genauso wichtig: Der Kompost sollte auf dem Erdboden errichtet werden – also nicht auf Asphalt- oder Steinboden –, damit nützliche Lebewesen wie Regenwürmer einwandern können. Stellen Sie keinen Komposter aus Kunststoff auf. Ein Hasendraht am Boden hält Nager fern.
Nun können die Kinder mit der Füllung beginnen. Zuerst kommen ein paar Zweige und etwas Laub für eine optimale Belüftung ganz auf den Boden im Kompost als unterste Lage. Dann können Sie oder die Kinder schon die ersten Obst- und Gemüseabfälle hineingeben. Sie müssen nur ein wenig aufpassen, dass das Speiseangebot für die fleißigen Kleintiere nicht zu einseitig ist. Küchenabfälle alleine schmecken ihnen auf Dauer nicht. Deshalb darf auch mal eine Portion Rasenschnitt mit rein oder Äste und Zweige. Je abwechslungsreicher die Kost für Bakterien und Würmer ist, desto besser der Kompost. Essensreste sollten im Kita-Kompost nichts zu suchen haben, denn diese locken Ratten und Mäuse an.
Mindestens sechs Monate dauert es, bis die erste brauchbare Komposterde entstanden ist.

TIPP Ihre Kinder bringen gerne Kompostabfälle zum Kompost? Malen Sie mit den Kindern ein Plakat für alle (auch für das Küchenpersonal), was genau in den Kompost wandern darf und was nicht.

25 Der Komposthelfer Rudi

GESCHICHTE

ALTER ab 4 Jahren

ZIELE Zuhören, Zusammenhänge verstehen, Sachwissen

MATERIAL Sitzkissen

Ein Komposthaufen ist rätselhaft: Oben kommen Abfälle rein, unten kommt wunderbare Blumenerde heraus. Aber wie genau funktioniert das denn? Die Geschichte erklärt den Kindern, warum ein Komposthaufen gut ist und wem wir es zu verdanken haben, dass es neue Erde gibt.

Laden Sie die Kinder zu einem Sitzkreis ein und lesen ihnen die Geschichte vor.

Geschichte

Im Garten einer Familie steht in der hinteren Ecke ein Komposthaufen. Er verändert sich das ganze Jahr über. Im Frühjahr ist er schön leer und über den Sommer füllt er sich. Im Herbst ist er übervoll, weil die Familie das Laub und die welken Blumen in den Komposthaufen wirft. Über den Winter schrumpft er wieder – nicht nur weil die Familie keine Abfälle mehr in ihn hineinwirft, sondern auch wegen der vielen Bewohner des Komposthaufens.

Wer lebt im Kompost?

Im Komposthaufen lebt eine riesige Vielzahl kleiner Lebewesen. Es gibt z. B. Asseln, Würmer, Tausendfüßler und Schnurfüßler. Einige, wie z. B. die Bakterien und Pilze, sind so klein, dass sie nur mit einem Mikroskop zu erkennen sind.
Der größte Bewohner ist der Kompostwurm, ein Verwandter des Regenwurms. Diese Regenwurmart wird daher oft verwechselt. Größe und Lebensweise sind identisch, nur in der Färbung unterscheiden sich die beiden Arten. Der Regenwurm ist meist durchgehend dunkelrot gefärbt. Der Kompostwurm besitzt in der Regel hellere und dunklere „Ringel“. Der Regenwurm wird 9 bis 30 Zentimeter lang, der Kompostwurm erreicht 4 bis 14 Zentimeter. Er ist auch die in Europa häufigste Wurmart. Der Kompostwurm hält sich gern in Kompostabfällen, doch auch unter der Grasnarbe von naturbelassenen Wiesen auf. Dabei lebt er eher in der oberen Bodenschicht, in der viel frisches organisches Material zu finden ist. Täglich kann er die Hälfte seines Körpergewichts an Kompostgut verdrücken und eine Vorstufe von Wurmhumus wieder ausscheiden. Damit ist er einer der fleißigsten Komposthelfer, weshalb er häufig zur Beschleunigung in der Kompostierung eingesetzt wird.

In einem Komposthaufen wimmelt es nur so von Bewohnern – fast wie in einer Stadt. Natürlich nicht mit Häusern und Straßen, sondern einer Hügelstadt mit großen und kleinen Bewohnern.
Es wohnen Würmer, Asseln, Schnecken, Milben und sogar Tausendfüßler in dieser Kompoststadt. Es gibt auch Bewohner, die man mit dem bloßen Auge nicht erkennen kann. Diese haben lustige Namen, wie z. B. Pantoffeltierchen.
Alle haben etwas gemeinsam, sie arbeiten in der Hügelstadt mit Namen Kompost.
Sie machen es gerne, denn in der Stadt ist es schön warm, man kann umsonst wohnen und man findet immer etwas zu fressen.
In dieser Stadt wohnt auch Rudi. Er ist ein fleißiger Kompostwurm, der stetig durch die Kompoststadt kriecht und dabei die Erde umgräbt, auf der Suche nach etwas Leckerem. Er hat sich sogar eine Wohnhöhle angelegt und dort einen Blättervorrat gesammelt. Was er ja eigentlich nicht braucht, denn in seiner Stadt gibt es Futter ohne Ende. So wie Rudi machen es auch die anderen Tiere. Sie fressen und fressen den Abfall aus dem Familiengarten.
Und wisst ihr eigentlich, was passiert, wenn Rudi auf die Toilette muss? Er lässt sein Geschäft einfach im Komposthaufen liegen. Aber das macht nichts, denn sein Geschäft ist neue Erde, die man dann Humus nennt.
Es ist sehr wichtig, was Rudi und auch die anderen Tiere im Komposthaufen tun. Denn sie fressen die alten Pflanzenteile und verwandeln sie in neue Erde.
Wenn dann die Familie im Frühjahr etwas Neues einpflanzen will, kann sie die Erde aus der Kompoststadt nehmen, die Rudi und seine Mitbewohner gemacht haben.

26 Das alte neue Möbelstück

KREATIVAKTION/GESTALTUNGSAKTION

ALTER ab 4 Jahren

ZIELE Sachwissen „Sperrmüll", Fantasie, Kreativität, Gemeinschaftsgefühl, Sprache

MATERIAL ein Möbelstück vom Sperrmüll, verschiedene Papiersorten, Kleister, Acrylfarben, Pinsel, Klarlack

Wissen Ihre Kinder schon, was Sperrmüll ist? Zum Sperrmüll gehören Möbelstücke, Heimtextilien, Gartenmöbel und vieles andere, was zu groß für die Mülltonne ist, aber weggeworfen werden soll. Ob sich da noch etwas retten lässt?

Erfragen Sie den Sperrmülltermin in Ihrer Gemeinde. Der Sperrmüll wird in vielen Gemeinden zu bestimmten Terminen am Straßenrand abgeholt. Alternativ können Sie auch herausfinden, ob im Viertel der Kita jemand einen Sperrmüll angemeldet hat.
Kurz bevor der Sperrmüll abgeholt wird, gehen Sie mit den Kindern auf Entdeckungstour. Was steht alles auf dem Sperrmüll? Besprechen Sie mit den Kindern auch den Begriff „Sperrmüll". Zum Sperrmüll gehören Dinge wie Möbel, die nicht über eine Mülltonne entsorgt werden können, weil sie zu groß sind oder weil sie Materialien enthalten, die getrennt entsorgt werden müssen. Fragen Sie beim Besitzer des Sperrmülls nach, ob Sie ein oder zwei Stücke mitnehmen dürfen – sofern die Kinder etwas entdecken, das man noch re- oder upcyceln könnte. Genau genommen handelt es sich nämlich weiterhin um das Eigentum des Herausstellers.

In der Einrichtung entscheiden Sie gemeinsam mit den Kindern, wie die Möbelstücke wieder „schön" werden können, sodass sie für die Gruppe einen Nutzen haben. So kann aus einem

alten Stuhl mit Farbe und Papierresten ein Geburtstagsstuhl entstehen oder aus einem alten Regal oder Schränkchen wird neuer Stauraum für Spielsachen. Auf einem kleinen Tisch kann ein „Mensch, ärgere dich nicht"-Spiel aufgeklebt werden …
Sammeln Sie mit den Kindern Ideen und entscheiden Sie gemeinsam, wie Sie vorgehen möchten! Fragen Sie die Kinder auch, was passieren würde, wenn alle Menschen statt neue Möbel einzukaufen alte Möbelstücke renovieren würden.

TIPP Wenn Sie vorhaben, ein Möbelstück vom Sperrmüll zu holen, nehmen Sie einen Bollerwagen mit.

VARIATION Statt auf dem Sperrmüll ein Möbelstück mitzunehmen, fragen Sie bei den Eltern nach, ob jemand ein altes Möbel spendet. Hier können Sie gezielt nach einem bestimmten Objekt fragen, wenn Sie schon Ideen haben, was gestaltet werden soll.

27 Food-Upcycling

BACKEN UND KOCHEN

ALTER ab 4 Jahren

ZIELE bewusster Umgang mit Lebensmitteln, Umweltbewusstsein, Erfahrungen im hauswirtschaftlichen Bereich

MATERIAL Obst- und Gemüsereste, Wasser, Mixer, Krug, Gläser, Honig, Trinkhalme (umweltfreundlich)

Jedes Jahr wandert eine Unmenge an Lebensmitteln in die Mülltonne. Beim Food-Upcycling geht es darum, aus vermeintlichen „Abfällen" noch eine Mahlzeit zu zaubern. Aus Obst- und Gemüseresten bereiten Sie hier mit den Kindern leckere Smoothies zu.

Wenn möglich beziehen Sie die Eltern bei dieser Aktion mit ein. Bitten Sie diese um Gemüse- und Obstreste. Fast jeder hat nämlich Früchte oder Gemüse zu Hause, die nicht mehr direkt gegessen werden. Ihr Gemüse und Obst sollte noch gut essbar sein, es muss aber nicht mehr ganz frisch und knackig aussehen.

Betrachten Sie mit den Kindern das mitgebrachte Obst und Gemüse im Kreis. Sprechen Sie darüber, wie es aussieht. Die Schale der Bananen ist vielleicht braun, der Apfel und die Paprika schrumpelig, die Karotte etwas weich? – Fragen Sie die Kinder, ob sie das Obst und Gemüse so essen möchten. Die Kinder werden dies wahrscheinlich verneinen. Sie können jetzt die Überleitung dazu schaffen, dass solches Gemüse nicht weggeworfen werden muss, da man es auf alle Fälle noch essen kann – es ist ja nicht schlecht, nur nicht mehr schön. Es wurde zudem auch viel Arbeit und Energie darauf verwendet, es wachsen zu lassen.
Wissen die Kinder, was ein Smoothie ist? Welche Smoothies nun bei ihnen gemixt werden, kommt auf die Auswahl Ihres Obstes und Gemüses an. Hier nur zwei einfache Rezepte – die Highlights in unserer Gruppe:

Möhren-Apfel-Orangen-Smoothie

Geben Sie die Karotten und Äpfel geschält und entkernt in den Mixer. Nach dem Mixen geben Sie Orangensaft und Wasser hinzu. Diesen Smoothie muss man nicht mit Honig nachsüßen, da er von sich aus sehr süß ist.

Gurken-Apfel-Drink

Alles geschält und entkernt in den Mixer geben und mit Wasser bis zur gewünschten Konsistenz mischen. Wenn nötig, etwas Honig für die Süße zugeben.

Füllen Sie die Smoothies in kleine Gläser und geben gekürzte Trinkhalme dazu. Die Kinder werden diese Getränke lieben.

28 Upcycling-Bilderbuch

KREATIVAKTION MIT SPIEL

ALTER ab 5 Jahren

ZIELE „Upcycling" kennenlernen, Feinmotorik, Vorstellungskraft, Kreativität

MATERIAL Pappbilderbuch, Lineal, Bleistift, dicker Karton, Tonpapier in verschiedenen Farben, Filzstifte, Schere, Kleber, Cuttermesser (für Erzieherhände)

Aus Alt mach Neu: Das ist die Devise beim Upcycling. Nehmen Sie sich doch einmal die abgegriffenen Bilderbücher in der Gruppe oder Kita vor: Da gibt es bestimmt ein paar ramponierte Bücher, die keiner mehr gern liest, die aber zum Wegwerfen zu schade sind. In dieser Idee gestalten die Kinder ein Puzzle daraus.

Wissen die Kinder noch, was „Upcycling" bedeutet? Genau: Alte ungeliebte Dinge verwandeln sich in tolle neue Sachen. Trennen Sie das Pappbilderbuch in einzelne Seiten und legen Sie mit den Kindern fest, in wie viele Teile eine Seite beziehungsweise ein Motiv geteilt werden soll. Wenn es für die jüngeren Kinder der Einrichtung sein soll, sind bis zu neun Teile ausreichend. Zeichnen Sie mit dem Lineal Striche, an denen die Seite später zerschnitten werden soll. Legen Sie die Seite vor dem Zerschneiden auf einen passenden Bogen Tonkarton. Zeichnen Sie den Umriss der Seite nach. Je nach Dicke der Bilderbuchseite können Sie nun mit der Schere oder dem Cuttermesser die Seite entlang der aufgezeichneten Striche in die Einzelteile zerschneiden. Diese Arbeit übernehmen Sie besser selbst, vor allem, wenn Sie mit einem Cutter arbeiten. Für den Puzzlerahmen schneiden die Kinder aus Karton etwa 2–3 Zentimeter dicke Streifen und kleben sie um den Umriss der aufgezeichneten Seite. Jetzt noch den überstehenden Karton entfernen und der Rahmen für das Puzzle ist fertig. Jetzt können die Kinder lospuzzeln und die Einzelteile wieder zu einer Seite zusammensetzen.

TIPP Der Rahmen kann für das ganze Bilderbuch genutzt werden. Einfach noch mehr Seiten aus diesem Buch zerschneiden. Damit die einzelnen Seiten wieder richtig zusammengesetzt werden können, wird jede Seite von hinten mit einer anderen Farbe Tonpapier beklebt. Zum Schluss gestalten Sie mit den Kindern noch einen Karton zur Aufbewahrung..
Der Rahmen ist nicht zwingend notwendig. Es ist nur für die jüngeren Kinder leichter, das Puzzle zusammenzusetzen, wenn sie eine Begrenzung haben.

4

WASSER, STROM UND ENERGIE

Müllvermeidung und Recycling sind wichtige Punkte beim Thema „Unsere Umwelt schützen“. Aber auch der sorgsame Umgang mit Energie und Rohstoffen gehört dazu. Jetzt geht es daher ums Ressourcen- und Energiesparen. Na klar: Das können Ihre Kinder schon!

29 Lilly gibt (nicht) acht

GESCHICHTE + SACHGESPRÄCH MIT KREATIVAKTION

ALTER ab 4 Jahren

ZIELE Umweltbewusstsein schulen, Zusammenhänge erfassen, Sprache, Konzentration

MATERIAL DIN-A5-Blätter, Malstifte

Dieses Kapitel startet mit einer Geschichte, in der viele kleine Umweltsünden vorkommen. Auf den ersten Blick nicht schlimm, aber trotzdem geht es doch auch ganz anders. Oder? Fallen Ihren Kindern die Umwelt-No-Gos auf?

Laden Sie die Kinder zu einem Sitzkreis ein und lesen ihnen die Geschichte vor.

Geschichte

Heute erzähle ich euch die Geschichte von Lilly. Lilly ist fünf Jahre alt und wohnt in einem Ort/einer Stadt genau wie ihr.
Als Lilly an diesem Tag aufwacht, weiß sie gleich, dass heute ein ganz toller Tag ist: Oma Frieda kommt zu Besuch und das ist immer etwas ganz Besonderes. Lilly springt aus dem Bett und geht sofort ins Badezimmer. Morgens muss sie duschen, weil sonst ihre Haare zu Berge stehen. Deshalb dreht sie das Wasser an der Dusche auf. Doch sie duscht nicht gleich, erst muss das

Wasser warm laufen. Also geht sie noch auf die Toilette, dann zieht sie sich aus und duscht. Schön viel Duschgel nimmt sie, denn sie will ja gut riechen. Nach dem Abtrocknen und Anziehen bereitet sie sich ihr Frühstück für den Kindergarten zu. Das kann Lilly schon super alleine, denn sie ist ja schon fünf. Also ein Brot mit Wurst belegen und in Alufolie einwickeln. Ach ja, noch etwas Obst in eine Plastiktüte. Dann ist das Frühstück schon fertig.
Lilly isst noch etwas Müsli und darf dann natürlich das Zähneputzen nicht vergessen. Beim Zähneputzen schaut Lilly immer gerne dem Wasser zu, wie es ins Abflussrohr läuft. Jetzt steht schon Papa an der Tür, um sie mit dem Auto in den Kindergarten zu fahren. Es ist zwar nicht weit, aber Autofahren ist besser als Laufen.
Im Kindergarten überlegt Lily, für Oma ein Bild zur Begrüßung zu malen. Sie beginnt mit einem Bild für Oma. Aber irgendwie gefällt ihr das Bild nicht. Sie zerknüllt es und wirft das Blatt weg. Das nächste Malblatt wirft Lilly auch weg, denn es hat schon einen ganz kleinen Riss und Lilly findet es nicht mehr schön. So wirft sie noch einige Blätter in den Müll, bis sie endlich mit ihrem Bild zufrieden ist.
Endlich ist der Kindergarten vorbei und Mama holt sie ab. Sie fahren beim Bäcker vorbei, um noch einen Kuchen abzuholen. Mama lässt dafür das Auto laufen, damit die Heizung bläst und Lilly nicht frieren muss.
Endlich zu Hause stellt sich Lilly gleich ans Fenster und hält Ausschau nach Oma. Damit ihr nicht langweilig wird, macht sie die kleine Lampe auf der Fensterbank immer an und aus. Das ist lustig und blinkt wie eine Discokugel. Da steigt Oma auch schon aus dem Taxi und winkt Lilly zu. Endlich ist sie da und der Tag kann so schön weitergehen.

Beginnen Sie mit den Kindern ein Gespräch, ob ihnen etwas an der Geschichte aufgefallen ist? Dabei können Sie folgende Fragen unterstützen:

- Hat Lilly heute etwas falsch gemacht?
- Hat auch die Mama einen Fehler gemacht?
- Was kann oder muss Lilly ändern?

Die Kinder können sich zu Paaren zusammenfinden. Jedes Paar kann auf einem Blatt mit einer kleinen Zeichnung festhalten, was ihm aufgefallen ist. Die Kinder sprechen sich ab, wer malt, was Lilly oder auch ihre Mutter falsch gemacht haben, und wer malt, wie es richtig geht.

Beispiel:
Dusche läuft – Dusche aus
Wasser läuft beim Zähne putzen – Wasser aus
Auto fahren – zu Fuß gehen
Alufolie und Plastiktüte – Brotdose
Auto läuft – Auto aus
...

Hängen Sie die Bilder nebeneinander auf und malen darüber einen traurigen und einen lachenden Smiley.
Können die Kinder die Geschichte nun noch einmal neu erzählen, wobei sie die besseren Alternativen einbauen?

Unser Trinkwasser

Das Trinkwasser, das wir im Laden kaufen können, stammt meist aus dem Grundwasser. Durch das Versickern von Regenwasser im Boden wird dieses sozusagen bereits vorgefiltert bzw. gereinigt. Zur gleichen Zeit lösen sich Salze und Mineralstoffe aus dem Gestein im Boden ab und geben dem Wasser seinen Geschmack. Tief im Boden sammelt sich dieses Wasser dann als Grundwasser an. Dieses Grundwasser tritt an manchen Stellen als Quelle wieder hervor oder wird mit Pumpen aus der Tiefe geholt. Nach einer (nicht chemischen) Aufbereitung wird es anschließend in Flaschen abgefüllt oder in unser Trinkwassersystem eingespeist.

30 Wasserkreislauf

MALGESCHICHTE

ALTER ab 4 Jahren

ZIELE Sachwissen, Sprache, Kreativität, Feinmotorik

MATERIAL Farbstifte, Schere, Kleber, Pappteller, Plakat, Filzstifte, weißes und blaues Papier

Woher kommt denn eigentlich das Wasser, das in der Kita beim Händewaschen aus dem Wasserhahn kommt? Dieses Wasser ist Trinkwasser und sehr kostbar, denn es gibt nicht sehr viel davon auf unserer Erde: Nur 1 Prozent allen Wassers auf der Erde ist trinkbar. In dieser kleinen Kreativaktion bekommen die Kinder Einblick in den Wasserkreislauf.

Gestalten Sie aus blauem Papier einen Wassertropfen. Geben Sie diesem Tropfen ein Gesicht. Er spielt die Hauptrolle in dieser Aktion.
Legen Sie den Wassertropfen im Sitzkreis in die Mitte und stellen Sie ihn vor. Die Kinder können sich einen Namen für ihn ausdenken, vielleicht „Tröpfchen“ oder „Plitschplatsch“. Wo kommt ein solcher Wassertropfen denn vor?

Erzählen Sie nun eine Geschichte zu dem Wassertropfen, die damit beginnt, dass dieser in einer Wolke sitzt.
Die Kinder malen am oberen Rand des Plakates eine Wolke und platzieren den Wassertropfen dort.

Jetzt fängt es an zu regnen und der Wassertropfen fällt zur Erde. Dort gießt er die Pflanzen.
Die Kinder malen auf das Plakat eine Wiese und kleben kleinere Papierschnipsel als Regen dazu.

Die Sonne erwärmt nun die Erde.
Eine Sonne gegenüber der Wolke aufmalen.

Wenn die Sonne auf die nasse Erde oder auf Wasser scheint, steigen winzig kleine Tröpfchen aus dem Wasser hinauf in die Luft. Immer weiter und weiter nach oben wandern die winzig kleinen Tröpfchen. Unser Tropfen ist auch dabei. Ganz oben im Himmel ist es aber wieder kalt, die kleinen Tröpfchen finden sich zu größeren Tropfen zusammen.
Die Kinder legen weitere winzige Tröpfchen ganz nah auf- und nebeneinander.

Ganz viele solcher großen Wassertropfen kommen jetzt zusammen und bilden eine Wolke.
Die Kinder legen die Tröpfchen und ihren Tropfen in die Wolke.

Und jetzt? Jetzt beginnt alles wieder von vorne.
Wiederholen Sie die Reise des Wassertropfens und die Kinder legen ihn passend auf das Plakat.

TIPP Gestalten Sie mit den Kindern das Plakat noch aus. Der Wassertropfen ist ja nicht ganz allein, deshalb gestaltet jedes Kind einen Wassertropfen und klebt ihn auf das Papier. Mit Pfeilen können die Kinder diese Reise des Wassertropfens noch genauer illustrieren.

31 Händewaschen

EXPERIMENT

ALTER ab 2 Jahren

ZIELE Sinneswahrnehmung, Beobachtung, Bedeutung von Wasserverbrauch

MATERIAL Fingerfarbe, mindestens fünf unterschiedlich große Schüsseln, Wasser, Handtücher

Wie viel Wasser braucht man zum Händewaschen? Finden Sie es mit den Kindern in diesem Selbstversuch heraus!

Füllen Sie die Schüsseln mit Wasser und setzen Sie sich mit den Kindern um die Schüsseln herum. Jüngere Kinder können einen Kleiderschutz tragen, z. B. einen Malkittel.
Fünf Kinder bekommen einen kleinen Klecks Fingerfarbe auf die Hand, den sie in ihren Händen verreiben und verschmieren dürfen.
Nacheinander suchen sich die Kinder eine Schüssel aus, um ihre Hände im Wasser wieder zu reinigen.
Das erste Kind wird sich wahrscheinlich die größte Schüssel mit dem meisten Wasser aussuchen. Danach betrachten Sie mit den Kindern alle Hände. Die Kinder werden feststellen: Alle Hände sind wieder sauber geworden – auch die, die in der Schüssel mit dem wenigsten Wasser gereinigt wurden. Auch ganz wenig Wasser reicht oft schon aus für das, was wir gerade reinigen möchten.

TIPP Alternativ zur Fingerfarbe können sich die Kinder die Hände auch einfach sandig machen. Der Effekt mit dem Rubbeln ist bei Farbe jedoch größer.

HINWEIS Auch das sorgfältige Händewaschen für 20–30 Sekunden erfordert keine großen Mengen an Wasser. Allerdings sollten die Hände gründlich unter fließendem Wasser abgespült werden.

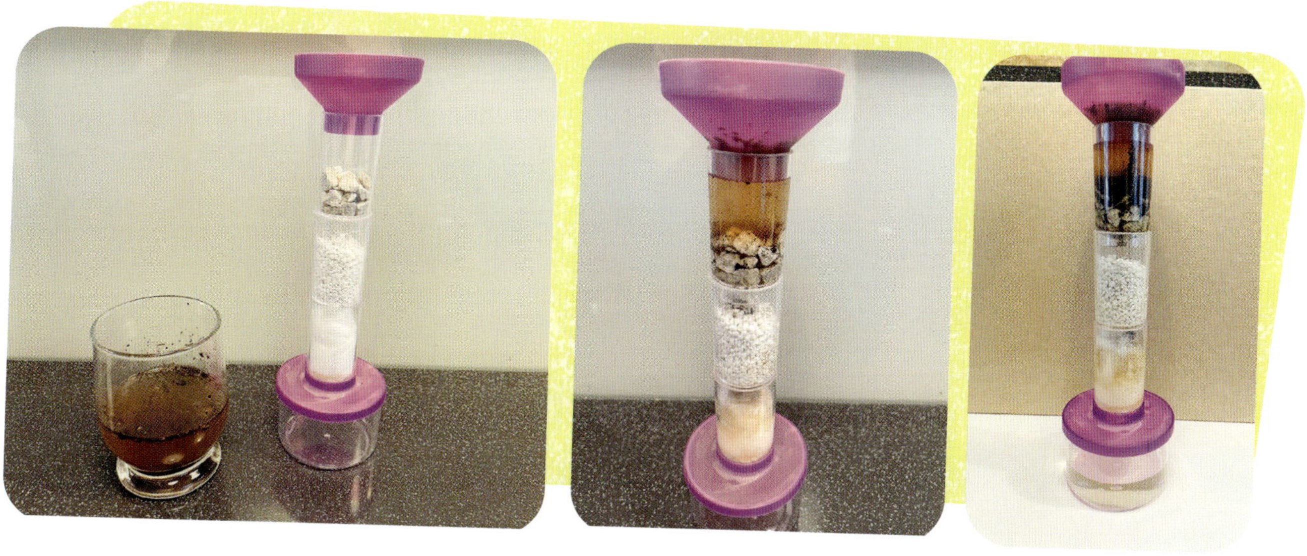

32 Wasser reinigen

EXPERIMENT

ALTER ab 4 Jahren

ZIELE Wie man Wasser „reinigen" kann, Beobachtung, Sprache, Ausdruck

MATERIAL Minikläranlage, Kieselsteine, Sand, Watte, Wasser, Blumenerde, zwei Gläser
Alternativ: vier gleich große Blumentöpfe

Unser Wasser kommt aus dem Grundwasser der Erde. Dieses bildet sich aus dem Regen, der im Boden versickert. Auf diesem Weg durchläuft das Wasser eine Art natürliche Kläranlage. Reinigen Sie Wasser mit den Kindern auf fast natürliche Weise.

Füllen Sie in ein Glas klares Wasser und „verschmutzen" es mit 1–2 Löffeln Blumenerde. Lassen Sie die Kinder das Wasser genauer beschreiben: Schweben Teilchen darin herum? Welche Farbe hat es ungefähr? Wie könnte man es wieder sauber und klar machen? Haben die Kinder Ideen?
Holen Sie die Minikläranlage hinzu. Diese bestehen meist aus 3–4 Plastikröhrchen, die sich übereinanderstecken lassen, mit dabei sind ein Trichter und ein Auffangbehälter.
Füllen Sie in den obersten Behälter Kieselsteine, in den zweiten Sand und in den dritten die Watte. Stecken Sie diese übereinander. Arbeiten Sie mit Blumentöpfen, gilt die gleiche Vorgehensweise, nur dass sie unter den Sand ein Taschentuch oder einen Kaffeefilter legen, damit der Sand nicht sofort aus den Löchern rieselt.
Stellen Sie die Töpfe übereinander und einen leeren zuoberst. Den Stapel in ein durchsichtiges Gefäß stellen.

Nun gießen die Kinder das Wasser von oben in die „Kläranlage“ ein. Es dauert einen kurzen Moment, bis das Wasser unten wieder austritt. Jetzt können die Kinder vergleichen: Was fällt auf? Genau, das Wasser ist durch die „Kläranlage“ sauberer geworden.
Die Kinder machen zum Schluss die Feststellung, dass das schmutzige Wasser durch das Filtern sauberer wird, aber nicht so klar wie Leitungswasser. Trinken kann und sollte man dieses Wasser nicht.
Schütten Sie das Wasser nicht einfach weg, sondern überlegen Sie gemeinsam, wofür dieses Wasser jetzt noch verwendet werden kann. So können z. B. Blumen damit gegossen werden.

33 Elektrischer Strom

SACHGESPRÄCH

ALTER ab 3 Jahren

ZIELE Sprache, Ausdruck, Erkennen von strombetriebenen Geräten

MATERIAL 2 Plakate, Malstifte, Prospekte, Zeitschriften, Schere, Kleber

Elektrischer Strom ist ein wesentlicher Bestandteil unseres heutigen Lebens. Wir können uns kaum vorstellen, wie wir ohne Strom zurechtkämen. Aber haben auch die Kinder schon diese Erfahrung gemacht? Greifbarer wird es mit zwei selbst gestalteten Plakaten.

Legen Sie im Sitzkreis zwei leere Plakate (zwei Bogen Tonkarton) in die Mitte. Welche Dinge, Hilfsmittel oder Maschinen kennen die Kinder, die mit Strom funktionieren? Sammeln Sie die Ideen der Kinder. Und wofür braucht man keinen Strom? Die Kinder können aus Prospekten und Zeitungen Gegenstände, Maschinen und Haushaltshelfer ausschneiden. Betrachten Sie alle Motive gemeinsam und sortieren Sie sie: Was braucht Strom (Radio, Fernseher, Mixer, Staubsauger, …) und was nicht (Rollwagen, Leiter, Bestecke, …)? Die Kinder können die ausgeschnittenen Motive nun auf die Plakate kleben: Auf ein Plakat malen die Kinder eine Steckdose: Hier können sich die strombetriebenen Dinge versammeln, das andere Plakat kann eine durchgestrichene Steckdose bekommen. Hierhin kleben die Kinder die ausgeschnittenen Gegenstände, die ohne Strom funktionieren.

34 Dem Strom auf der Spur

AKTION

ALTER ab 3 Jahren

ZIELE elektrische Geräte finden/benennen, Beobachtung, Sprache, Ausdruck

MATERIAL Zettel, Stift

Eine „Besichtigungstour“ durch die Kita? Bei dieser Stromsafari passen die Kinder genau auf, denn es geht darum, elektrische Geräte zu finden. Das fühlt sich für die Kinder fast wie eine Schatzsuche an.

Als Stromdetektive machen Sie sich heute auf die Socken, um Geräte aufzuspüren, die alle mit Strom funktionieren. Gehen Sie mit den Kindern von Zimmer zu Zimmer. Da gibt es einiges zu

entdecken, wie den CD-Player, einen Wasserkocher, den Herd und auch vielleicht eine Kaffeemaschine. Natürlich gibt es auch Licht in jedem Zimmer. Führen Sie doch eine Strichliste, wie viele Lampen Sie finden.

Kommen Sie anschließend zu einem Kreis zusammen und fassen Sie zusammen, was so alles gefunden wurde. Gehen Sie zum Schluss auch auf die Notwendigkeit einiger Geräte ein. Zum Beispiel, dass man ohne Wasserkocher keinen heißen Tee hätte. Aber welche Geräte braucht man vielleicht gar nicht?

Zum Abschluss zählen Sie noch die Striche der Lampen zusammen, um sich die Menge der elektrischen Geräte noch einmal gemeinsam vor Augen zu führen.

35 Strom wird gemacht

SACHGESPRÄCH

ALTER ab 5 Jahren

ZIELE Sachwissen

MATERIAL Bilder von Stromerzeugern wie Kraftwerk, Windkraftanlage, Solaranlage, Wasserkraftanlage

Die Kinder sollen erfahren, dass Strom erzeugt wird und dass es schlecht für die Umwelt ist, wenn wir zu viel Strom verbrauchen.

Kommen Sie mit den Kindern zusammen und fragen danach, wie elektrischer Strom unser Leben leichter, schöner oder auch besser macht.
Gehen Sie mit den Kindern verschiedene Möglichkeiten durch wie Essen kochen, mit warmem Wasser duschen, Lebensmittel kühlen, Zimmer beleuchten, Staub saugen, Filme anschauen, … Doch wo kommt der Strom her? Er muss gemacht werden und dafür gibt es verschiedene Möglichkeiten. Vielleicht fällt den Kindern etwas ein, wenn nicht, zeigen Sie ihnen die verschiedenen Bilder und geben nur kurze Erklärungen zu den Anlagen und Kraftwerken ab. Es ist hier wichtig, dass die Kinder erfahren, dass der Strom nicht einfach aus der Steckdose kommt, sondern erzeugt wird. Und je mehr Strom wir verbrauchen, umso mehr Strom muss „gemacht" werden. Das ist wiederum nicht gut für unsere Umwelt. Genauso kostet Strom auch Geld. Wenn wir das Licht eine Stunde in einem Zimmer brennen lassen, kostet es ca. 2 Cent. Sie können mit den älteren Kindern eine kleine Rechnung erstellen: 1 Stunde 2 Cent, 2 Stunden 4 Cent usw.

36 Ein Tag ohne Strom

SELBSTVERSUCH

ALTER ab 3 Jahren

ZIEL Nachhaltigkeit, Sprache, Ausdruck

MATERIAL Sitzkissen

Was wäre, wenn man einen Tag oder einen Vormittag ohne Strom in der Kita verbringen würde? Ist das überhaupt möglich? Machen Sie doch einmal einen Versuch!

Die Kinder haben schon die Erfahrung gemacht, dass man Strom für viele Dinge des täglichen Lebens dringend braucht. Aber vor nicht allzu langer Zeit hatten die Menschen noch keinen Strom – und haben trotzdem überlebt. Wie kann das gehen? Haben die Kinder Ideen? Möchten sie einmal selbst versuchen, keinen Strom im Kindergarten zu verbrauchen? Also kein Licht einschalten, keine Musik usw.
Die Kinder werden die Aktion super finden und am nächsten Tag starten. Legen Sie mit den Kindern aber fest, dass einige Dinge wie z. B. der Kühlschrank anbleiben müssen.

Besprechen Sie, wenn Ihr Stromverzichttag oder -nachmittag zu Ende geht, mit den Kindern, wie es allen gefallen hat.

- Was war gut und was war schlecht?
- Worauf haben alle verzichtet (kein warmer Tee, keine Musik im Bewegungsraum, vielleicht war es im Lego-Zimmer zu dunkel usw.)?

Die Kinder kommen zu dem Ergebnis, dass es schwierig ist, ohne Strom zu leben. Machen Sie ihnen den Vorschlag, nicht ganz ohne Strom zu sein, sondern darauf zu achten, dass zumindest Strom gespart wird. So z. B. wenn es draußen hell ist, kein Licht im Zimmer zu machen.

TIPP Vielleicht können Sie einen Strompolizisten bestimmen, der immer einen Tag lang darauf achtet, dass das Licht nicht unnötig an ist.

37 Windkraftanlage

EXPERIMENT

ALTER ab 5 Jahren

ZIELE Windkraft verstehen, Feinmotorik, Kreativität, Fantasie

MATERIAL Kopiervorlage „Windrad", Bild einer Windkraftanlage, Holzspieß, Papprolle (Küchenpapier), Karton, Trinkhalm, Teebeutel, Tonpapier, Reißzwecke, Schere, Kleber, Klebefilm

Windräder gehören inzwischen zum gewohnten Landschaftsbild. Ihre Kinder wissen vielleicht schon, dass sie Strom für uns herstellen. Aber wie genau funktioniert das? Erfahren Sie in diesem spannenden Experiment die Kraft von Luft und Wind mit den Kindern!

Strom – das wissen Ihre Kinder inzwischen – ist sehr wichtig für uns. Darum müssen wir jede Menge davon herstellen. Toll ist, dass man Strom mit Naturelementen erzeugen kann, beispielsweise mit Wind.

Erneuerbare Energien

Windenergie nennt man auch nachhaltige oder erneuerbare Energie. Das Gleiche gilt auch für Wasserkraft und Sonnenenergie. Wenn Elektrizität aus erneuerbaren Energien hergestellt wird, entsteht kein CO_2, also Kohlendioxid, wie es mit fossilen Brennstoffen wie Kohle oder Erdöl passiert. Sie sind also viel besser für die Umwelt.

Wie funktionieren Windräder?

Die Luft um uns herum ist ständig in Bewegung. Der Motor dieser Bewegung ist die Sonne: Durch sie wird die Luft erwärmt und steigt nach oben in höhere Schichten der Atmosphäre. Dort erkaltet sie und fällt zurück. Das spüren wir als Wind. Der Wind wird genutzt, um Windkraftanlagen zu betreiben. Diese Windräder sind bis zu 140 Meter hoch. Ganz oben drehen sich riesige Flügel. Die Kraft der Drehbewegung wird dann im Inneren des Windrads von einem sogenannten Generator in Strom umgewandelt. Das funktioniert so ähnlich wie bei einem Fahrraddynamo. Wenn der Wind stärker weht, dann kann der Generator in den Windrädern auch mehr Strom erzeugen. Darum werden Windräder immer dort aufgebaut, wo es oft viel Wind gibt, z. B. auf Bergen oder am Meer.

Zeigen Sie den Kindern dazu doch ein Foto von einem Windrad – oder Sie haben vielleicht ein Windrad in der Nähe und können es vom Fenster aus sehen?
Im Kasten ist kurz erklärt, wie es dem Windrad gelingt, den Wind in Strom umzuwandeln. Eine Windkraftanlage können Sie mit den Kindern aber auch selbst bauen:
Dazu übertragen Sie die Vorlage des Windrades auf Tonpapier und schneiden sie aus. Die Rotorblätter werden an der gestrichelten Linie, wie angezeichnet, geknickt.
Kleben Sie in der Mitte vorne und hinten ein Stück Klebefilm an und stechen ein Loch in die Mitte des Rotors. Der Klebefilm dient dazu, dass das Loch bei der Belastung nicht ausreißt. Die Papprolle am unteren Ende etwa 3 cm tief im Abstand von einigen Zentimetern einschneiden. Die Enden umknicken und auf einem Stück Pappe festkleben. In den oberen Teil der Papprolle zwei gegenüberliegende Löcher bohren. Hierdurch kommt der Trinkhalm. Wichtig ist, dass die beiden Löcher ungefähr auf derselben Höhe sind. Den Rotor auf den Holzspieß schieben. Jetzt müssen Sie den Holzspieß, der vorne aus dem Rotor ragt, noch etwas mit Klebefilm umwickeln, damit der Rotor nicht gleich wieder vom Spieß rutscht. Den Holzspieß nun durch den Trinkhalm schieben. Der Spieß dient als Achse. Am Holzspieß auf der Seite ohne Rotor den Faden mit dem Teebeutel anbinden. Zusätzlich zu einem Knoten den Faden mit einem Stück Klebefilm am Holzspieß befestigen. Jetzt können die Kinder Wind spielen: Sie pusten den Rotor an. Der Rotor beginnt sich zu drehen und die Teebeutelschnur wickelt sich auf den Holzspieß.

TIPP Es können auch noch andere Dinge als Teebeutel „hochgezogen" werden. Einfach eine Schnur mit einer Heftklammer befestigen, so können Papiermännchen „Fahrstuhl fahren".

Abgase und Feinstaub

Abgase sind im eigentlichen Sinn Abfall, da sie nicht weiter genutzt werden können. Die Rauchwolke aus dem Auspuff eines Kraftfahrzeuges oder einer Fabrik kann so lange gesehen werden, bis sich die darin enthaltenen Schadstoffe in der Luft verteilt haben. Dadurch entsteht Feinstaub, der zwar für unsere Augen nicht sichtbar ist, aber uns durch das Einatmen dennoch gefährlich wird. Auch für die Erdatmosphäre ist Feinstaub schädlich, da er diese immer undurchlässiger macht und somit den Klimawandel fördert.

38 Unsichtbare Dreckmacher

EXPERIMENT

ALTER ab 4 Jahren

ZIELE Umweltbewusstsein, Zusammenhänge verstehen

MATERIAL 4 Marmeladengläser, Papier, Streichhölzer, Deospray, Haarspray

In unserer Atemluft tummeln sich viele kleine, meist unsichtbare Schmutzpartikel. Mit diesem Versuch können die Kinder erfahren, dass Gerüche und Schmutz in der Luft vorhanden sein können, auch wenn man sie nicht sehen kann.

„Füllen" Sie die Gläser mit Gerüchen: Sprühen Sie Haarspray in Glas 1 und Deo in Glas 2 und verschließen Sie die Gläser schnell. In das dritte Glas geben Sie einen kleinen Fetzen Papier und zünden diesen mit einem Streichholz an. Dieses Glas auch sofort verschließen. Das Papier wird ausgehen. Ein Glas bleibt leer.

Im Sitzkreis fragen Sie die Kinder, ob sie schon einmal schmutzige Luft gesehen haben. Warten Sie die Antworten der Kinder ab. Kann man schmutzige Luft immer sehen? Holen Sie das Glas mit dem Deo und fragen, ob in diesem Glas saubere Luft ist. Die Kinder werden vielleicht mit Ja antworten. Dann darf ein Kind das Glas öffnen. Die Kinder werden sofort das Deo riechen – also war es keine saubere Luft. Verfahren Sie mit den anderen beiden gefüllten Gläsern auch so und nehmen Sie zum Schluss das „leere" Glas dazu.
Die Kinder können nun selbst ein Fazit ziehen: Manchmal ist es unmöglich, den Schmutz mit bloßem Auge zu sehen. So ist es auch in der Realität – nur manchmal kann man sehen, wie aus einem Auspuff eines Autos Rauch kommt oder aus Schornsteinen von Fabriken. Doch es ist wichtig, dass die Menschen, Tiere und auch Pflanzen saubere Luft haben. Deshalb sollte man etwas darauf achten. Wie kann man das? Man kann z. B. weniger mit dem Auto fahren. Fallen den Kindern noch andere Wege ein?

39 Zu Fuß – Laufwettbewerb

SACHGESPRÄCH MIT BEWEGUNGSAKTION

ALTER ab 3 Jahren

ZIELE Freude an der Bewegung, Umweltbewusstsein, Sprache, Ausdruck

MATERIAL Kopiervorlage „Fußabdruck", Schere, Kleber, Plakat

Manchmal ist man zu Fuß genauso schnell wie mit dem Auto. Vor allem für unsere Umwelt ist es auch „gesünder".

Kopieren Sie die Vorlage in ausreichender Anzahl und schneiden diese aus.
Malen Sie auf der unteren rechten Ecke des Plakates ein Geschenk auf.

Laden Sie die Kinder zu einem Sitzkreis ein und stellen ihnen die Idee eines „Laufwettbewerbes" vor.
Zuerst fragen Sie, wer heute Morgen mit dem Auto gekommen ist oder wer in letzter Zeit mit dem Auto irgendwohin gefahren ist, obwohl man die Strecke auch zu Fuß hätte gehen können, z. B. zum Bäcker. Sprechen Sie mit den Kindern darüber und rufen ihnen auch das Experiment mit den Dreckmachern in Erinnerung.
Legen Sie jetzt das Plakat dazu und auch die Fußabdrücke. Dieses Plakat wird sich jetzt jeden Tag etwas mehr füllen. Jeder, der zu Fuß zum Kindergarten gekommen ist oder auch eine Wegstrecke zu Fuß bewältigt hat, darf im täglichen Morgenkreis einen Fußabdruck auf das Blatt kleben. Ist das Plakat voll, wird ein besonderer Ausflug gemacht z. B. zu einem Spielplatz. Das bedeutet das Geschenk am Ende des Plakates.
Beginnen Sie nun täglich zu fragen, wer heute einen Fußabdruck aufkleben kann und auch warum.
Ist das Plakat voll, machen Sie mit den Kindern einen Ausflug, eventuell auf einen Spielplatz.

HINWEIS Informieren Sie die Eltern, da die Kinder gerne einen Fußabdruck aufkleben wollen. Da es für manche nicht möglich ist, zu Fuß zur Einrichtung zu kommen, wird als Alternative ein Weg ohne Auto angeboten. Das sollten Sie auch bei den Kindern erwähnen.

40 Zusammenarbeit mit Eltern

AKTION

ALTER ab 2 Jahren

ZIELE Umweltbewusstsein, Nachhaltigkeit, Zusammenhänge verstehen, Gemeinschaftsgefühl

MATERIAL Kopiervorlage „Reparaturtag", Kopiervorlage „Checkliste Verpackung", weiteres Material orientiert sich an den Angeboten

Die Zusammenarbeit mit den Eltern und Familien zum Thema „Nachhaltigkeit" ist ein wichtiger Baustein während des gesamten Projektes. Die Eltern möchten bestimmt gern informiert werden, was gerade so bei Ihnen passiert. Vor allem können aber alle gemeinsam mithelfen, etwas zum Thema beitragen und sich einbringen. Hier finden Sie darum Ideen zur Nachhaltigkeit für Elterntage oder Elternnachmittage.

Müllsammelaktion

Laden Sie die Familien zu einer Müllsammelaktion ein. Dazu können Sie vorab Handschuhe, Müllzangen, Mülleimer oder Mülltüten organisieren. Vielleicht möchten Sie nach der Aktion noch einen kleinen Imbiss aus nachhaltig erzeugten Leckereien anbieten?
Setzten Sie sich telefonisch noch mit der Gemeinde/Stadt in Verbindung und melden Sie die Sammelaktion an.

Wenn Verpackung, dann recyceln

Teilen Sie an die Kinder die Checkliste „Verpackung" aus. Informieren Sie die Eltern und weisen Sie diese darauf hin, bewusst nach Umweltzeichen für Recycling zu suchen. Legen Sie einen Zeitpunkt fest, wann die Tabelle wieder in der Einrichtung sein soll.
Danach besprechen Sie mit den Kindern die Listen und können dazu das Angebot „Recyclingsymbole" hinzuziehen.
Im Anschluss darf jedes Kind die Tabelle wieder mit nach Hause nehmen.

Unser nachhaltiges Kita-Kochbuch

Laden Sie die Eltern zu einem Nachhaltigkeitstag ein: Kaufen Sie dazu am Tag davor mit den Kindern Gemüse und Obst auf dem Markt ein. Am Elterntag selbst bereiten Sie in verschiedenen Teams mit den Familien Gemüsepizzen und Obstsalat zu. Erklären Sie den Familien, warum sie auf dem Markt eingekauft haben (weniger Verpackung, saisonale und regionale Lebensmittel, weniger Transportwege) und dass Sie damit einen Beitrag zur Nachhaltigkeit leisten möchten. Haben auch die Eltern/Familien schon einmal zu Hause nachhaltig gekocht? Halten Sie vorgestaltete Kopiervorlagen (beispielsweise einfache kopierte DIN-A4-Seiten) bereit, die

Sie den Familien mit nach Hause geben. Hier kann jede Familie ihr nachhaltiges Lieblingsessen als Rezept notieren und vermerken, warum es nachhaltig ist. Wer möchte, kann auch ein Foto von der fertigen Speise knipsen und ausdrucken. Aus allen Beiträgen der Familien können Sie später Ihr Kita-Kochbuch gestalten.

Reparaturtag

Einige Wochen vor dem Reparaturtag geben Sie die Kopiervorlage „Reparaturtag" aus diesem Heft an die Eltern und Familien aus. Hier kann sich jeder eintragen, der etwas gut reparieren kann. Sie können die Liste auch einfach im Eingangsbereich der Kita aufhängen und die Familien auffordern, sich hier einzutragen. Haben Sie genug Einträge beisammen, können Sie einen Reparaturtag planen und vorbereiten: Dazu sammeln Sie kaputte Dreiräder, Bobbycars, defektes Spielzeug oder auch Möbelstücke in der Kita. Für den Reparaturtag können Sie Sitzgelegenheiten, Tische und Werkzeuge für die Reparaturen organisieren. Auch ein kleiner Snack für alle Handwerker, Helfer und Kinder sollte bereitstehen. Am Tag selbst können Sie den Familien auch noch einmal Ihre Idee vorstellen, als nachhaltige Kita weniger wegzuwerfen und dafür mehr zu reparieren und weiterzuverwenden. Bestimmt werden die Familien Sie dabei gern unterstützen.

Aus Alt mach Neu

Gehen Sie mit den Kindern mit offenen Augen durch die Einrichtung und suchen bewusst nach Dingen, die nicht mehr schön sind, einen neuen Anstrich brauchen oder einfach nur ungenutzt sind.

Fotografieren Sie alles und hängen die Bilder an einer großen Stellwand für die Familien sichtbar auf. Lassen Sie um die Bilder herum Platz: Hier können Eltern, Großeltern, Geschwister und jeder, der Ideen hat, Vorschläge zur Verschönerung oder Veränderung eintragen und dabei mit Namen vermerken, wer beim Verschönern helfen möchte.

Im Anschluss können Sie dann gezielt um Unterstützung bitten.

Hinweis zu den Elternaktionen

Nehmen Sie mithilfe der Kinder mit ansässigen Firmen Kontakt auf. Viele sind gerne bereit, sich für einen guten Zweck an Materialkosten oder auch mit Arbeitszeit zu beteiligen.

Elternbrief

Liebe Eltern,

in nächster Zeit geht es in unserer Einrichtung um die Erde. Als Erzieher*innen haben wir die Aufgabe, die Kinder in den verschiedensten Bildungsbereichen zu fördern. Nun stellen wir uns dem Thema „Nachhaltigkeit und Müll“ und wollen Fähigkeiten und Kompetenzen schaffen, ein nachhaltiges Denken und Handeln zu entwickeln.

Gemeinsam wollen wir uns überlegen, welche Auswirkungen unser tägliches Handeln auf unsere Umwelt hat. Es geht schließlich darum, die Welt so an unsere Kinder und Kindeskinder weiterzugeben, dass sie auf der Erde weiterhin gut leben können.

Gemeinsam mit den Kindern werden wir unseren Alltag reflektieren. Wir nehmen die Kinder an die Hand und zeigen, wie wertvoll unsere Erde ist und wie wir diese vor Schaden bewahren können.

Wir laden Sie dazu ein, mit uns ins Gespräch zu kommen, sich an der einen oder anderen Aktion einzubringen und mitzuarbeiten.
Wir werden Sie durch Aushänge oder weitere Briefe über bevorstehende Aktionen informieren.

Wir freuen uns auf eine gute Zusammenarbeit

Ihr Kita Team

Mülltonne

Begleitzettel Bienenwachstuch

Liebe Familie ....!

Ich bin ein Bienenwachstuch und Ihr könnt mich vielseitig einsetzen. Frischhalte- oder Alufolie, werden von mir fast gänzlich ersetzt.

Packt einfach Brote, Wurst, Obst oder Gemüse mit mir ein.
Natürlich kann ich auch etwas Abdecken. So kann man eine Salat-, Pudding-, Joghurt- oder Kompottschüssel sehr gut mit mir verschließen.
Ich bin ab jetzt ca. 12 Monate einsatzbereit und will nach dem Gebrauch nicht mit Spülmittel behandelt werden. Einfach mit lauwarmen Wasser abwaschen.
Handwärme bringt mich immer in Form und sollte ich trotzdem nicht ganz funktionieren, nehmt doch einen Gummiring zu Hilfe.

Ich wünsche viel Spaß mit mir

Euer Bienenwachstuch

Müllwagen

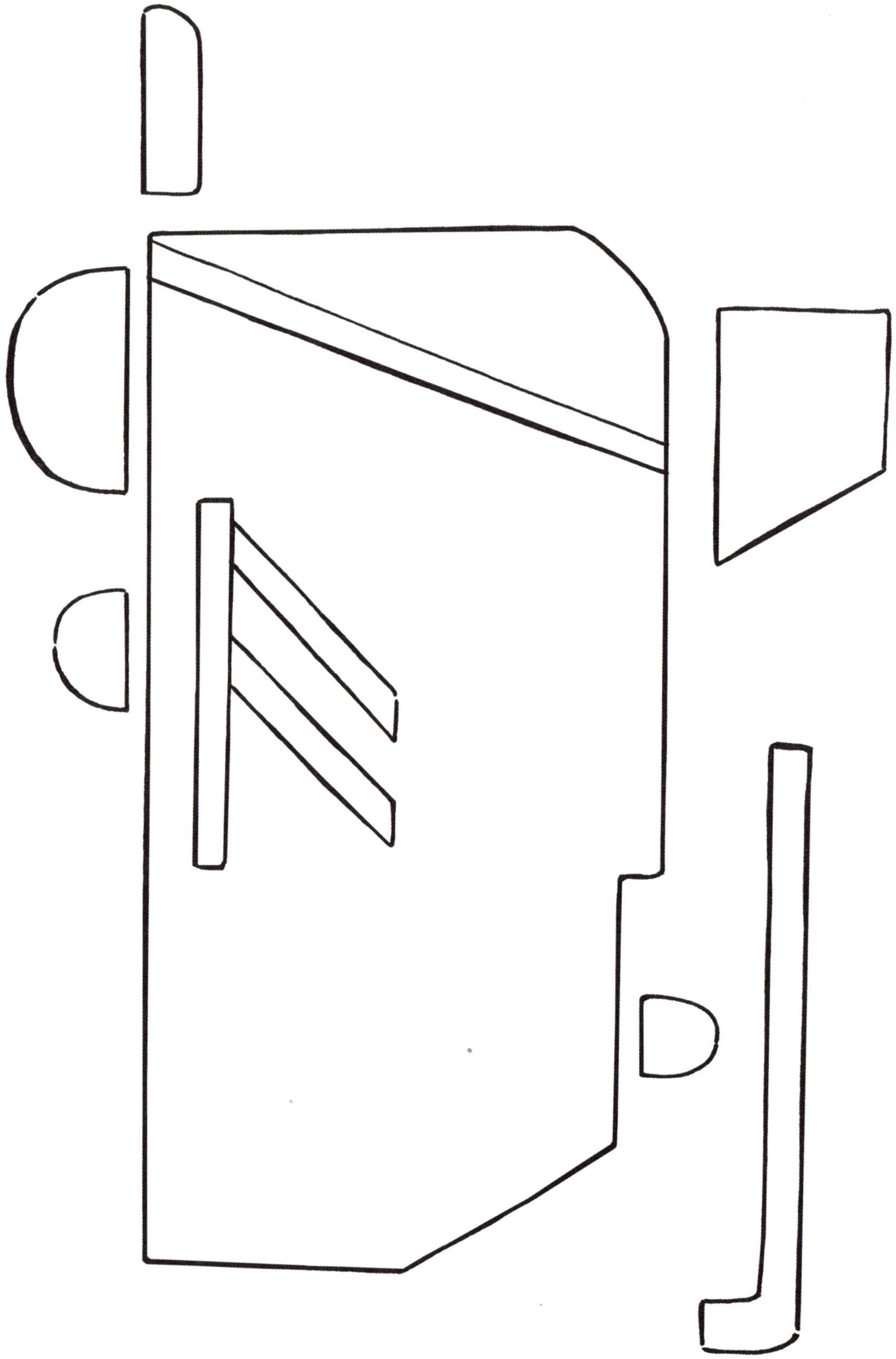

Müll recyceln

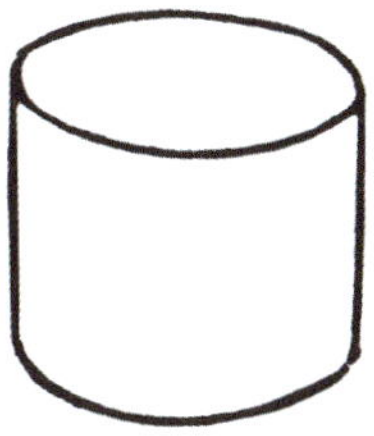

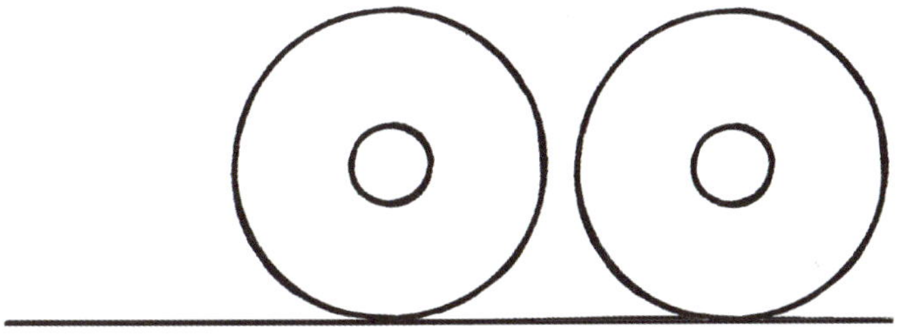

Windrad

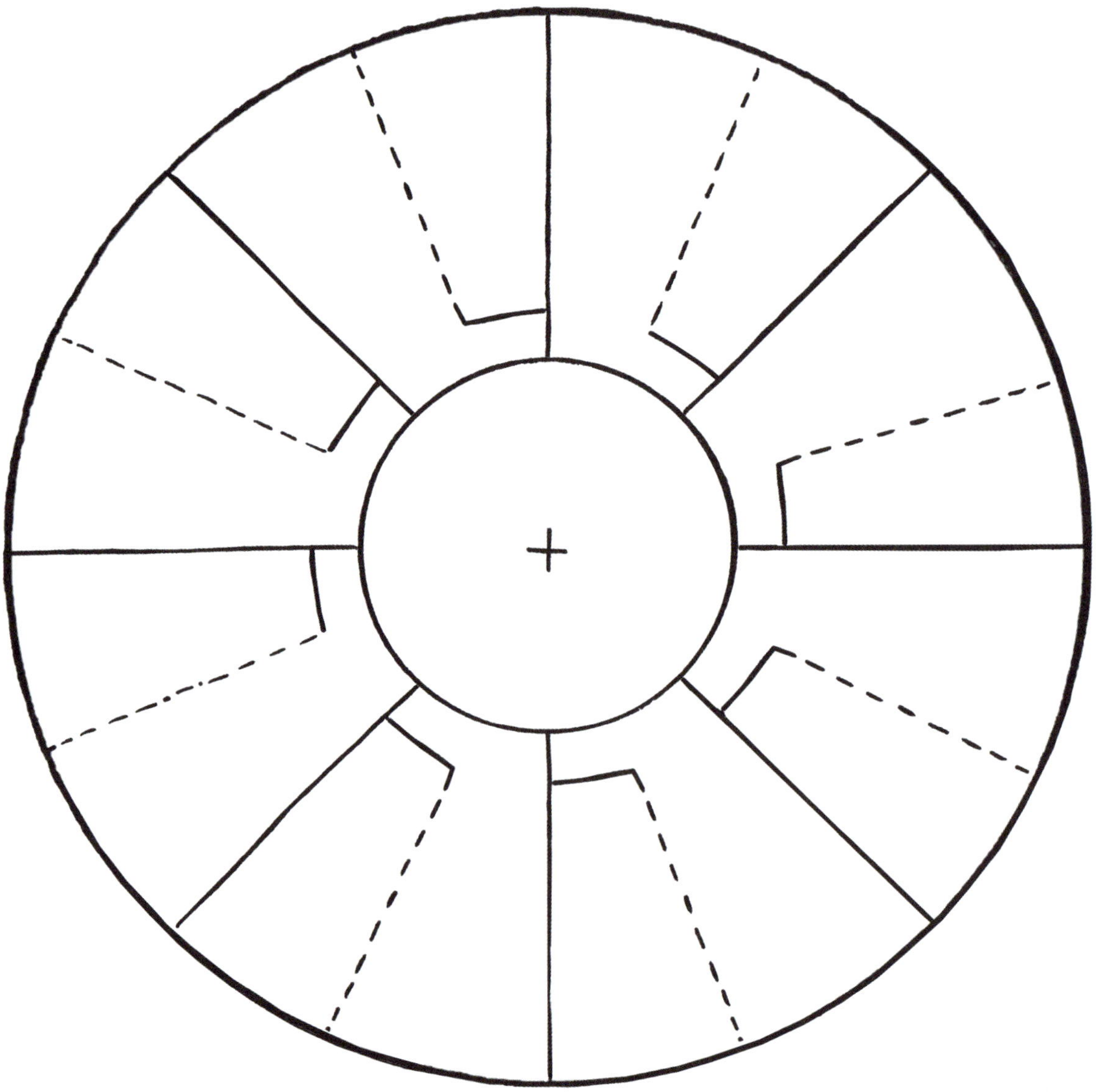

-------- Faltlinie

Fußabdruck

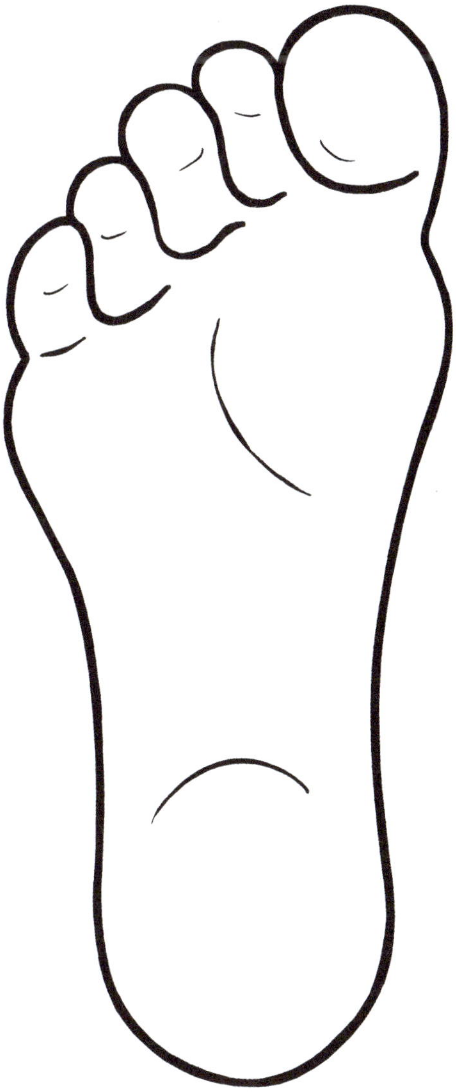

Reparaturtag

Für unseren Reparaturtag brauchen wir Personen, die etwas instand setzen können. Bitte tragen Sie sich alle ein, wenn Sie gerne helfen und zum Thema „Nachhaltigkeit und Reparatur" etwas beitragen möchten. Auch Oma, Opa, Verwandte, Freunde und Bekannte sind willkommen.

Beispiele: Fahrrad reparieren, kleinere Holzarbeiten, elektrische Geräte nachsehen, Näharbeiten, ...

NAME	ICH KANN REPARIEREN – FÄHIGKEITEN

Checkliste „Verpackung“

WARENGRUPPE	PLASTIK	PAPIER	METALL	GLAS	LOSE	UMWELT-ZEICHEN
Brot 						
Wurst 						
Schokolade 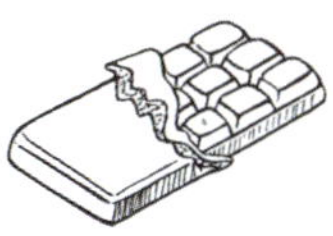						
Zahnpasta 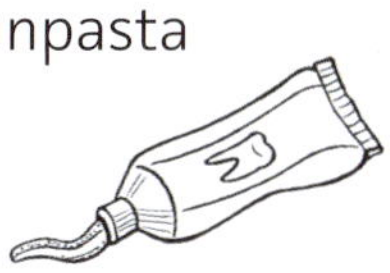						
Butter 						
Saft 						
Eier 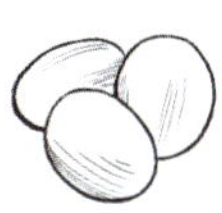						
Joghurt 						
Milch 						

Bibliografische Information der Deutschen Bibliothek
Die Deutsche Bibliothek verzeichnet diese Publikation in der Deutschen Nationalbibliografie; detaillierte bibliografische Daten sind im Internet über http://dnb.ddb.de abrufbar.

1. Auflage 2023

Texte: Anja Mohr
Illustrationen: Rebecca Meyer
Alle Fotos von Anja Mohr
Mit Ausnahme von: Cover © Rawpixel.com – AdobeStock, S. 19 © Rawpixel.com – AdobeStock, S. 7 © like com – AdobeStock, S. 41 © Alrandir – AdobeStock, S. 53 © magele-picture – AdobeStock

Druck und Bindung: ADverts Printing House

ISBN 3-7806-5189-1